MÉMOIRE

SUR UN

ÉVOLUEUR HYDRAULIQUE

PAR

M. R. BOUCHER
Lieutenant de visseau.

(Extrait de la *Revue maritime et coloniale.*)

PARIS,
CHALLAMEL AINÉ, LIBRAIRE-ÉDITEUR,
Commissionnaire pour la Marine et les Colonies
30, RUE DES BOULANGERS, ET 27, RUE DE BELLECHASSE.
1874

MÉMOIRE

SUR UN

ÉVOLUEUR HYDRAULIQUE

PAR

M. R. BOUCHER

Lieutenant de vaisseau.

(Extrait de la *Revue maritime et coloniale.*)

PARIS,

CHALLAMEL AINÉ, LIBRAIRE-ÉDITEUR,

Commissionnaire pour la Marine et les Colonies

30, RUE DES BOULANGERS, ET 27, RUE DE BELLECHASSE.

1874

AVANT-PROPOS.

Parmi les esprits sérieux qui s'intéressent à l'avenir de la marine militaire, il y en a bien peu qui ne se préoccupent avec raison des réponses que fera l'expérience à la solution d'un certain nombre de questions plutôt posées que résolues par la transformation radicale des flottes modernes.

Nous n'avons pas l'autorité nécessaire pour nous permettre d'exprimer à cet égard des vues qui pourraient paraître déplacées à des personnes même bienveillantes. Nous espérons cependant qu'on voudra bien nous permettre d'aborder quelques questions de détail qui n'exigent ni des idées aussi élevées, ni une autorité aussi considérable.

Armées pour la défense aussi fortement que pour l'attaque, tout le monde sent que, dans la première bataille navale, les flottes modernes détruiront peut-être encore plus de préjugés que de vaisseaux, et, qu'à tout prendre, l'avantage restera encore et surtout aux navires qui obéiront avec le plus de rapidité et de souplesse à l'intelligence chargée de les diriger.

Si cela est vrai, ne serait-il pas nécessaire de se demander si les organes chargés de cette importante fonction ont reçu dans les transformations nouvelles leur part légitime et suffisante de perfectionnements? La sûreté des évolutions doit devenir plus nécessaire que jamais, et nous ajouterons que cette sûreté elle-même ne sera qu'un avantage trompeur, si on n'arrive pas en même temps à augmenter dans les mêmes proportions la sécurité et l'invulnérabilité du gouvernail.

Tout le monde sait, en effet, que l'hélice et le gouvernail sont les points faibles du navire actuel. On ne saurait trop admirer la première sans doute, mais il ne faut pas oublier que le moindre cordage à la traîne peut briser ses ailes de bronze. Le gouvernail n'est guère moins vulnérable, quand on songe qu'avec les formes actuelles de l'arrière de nos navires de mer, il peut être bien facilement atteint par l'éperon de l'adversaire, à la suite surtout d'un abordage trop oblique.

Autrefois il arrivait assez fréquemment que les navires fussent en tout ou en partie démâtés; il leur arrivait aussi quelquefois, mais bien plus rarement, d'avoir leur gouvernail brisé : mais, au moins, le vaisseau privé d'un de ces organes, n'en était pas pour cela devenu absolument inutile à l'armée ou exposé sans défense. Son artillerie lui restait, et, comme forteresse flottante, il pouvait encore rendre des services et même se faire abandonner quelquefois par des ennemis qui le serraient de trop près.

Maintenant, s'il nous est permis d'émettre une opinon personnelle, le canon, qui faisait toute la force des anciennes escadres, nous paraît destiné à perdre la partie en ce moment engagée entre lui et la cuirasse. Cette dernière disparaîtra probablement aussi dans les hauts, qui ne serviront que de logements, et seront sacrifiés au point de vue du combat, comme le sont déjà les extrémités de nos vaisseaux et corvettes cuirassés.

On arrivera ainsi à des navires dont la flottaison et le pont correspondant seuls seront blindés, et qui n'auront pour unique armement que l'éperon dont leur avant sera muni, ou les torpilles dont leurs flancs seront entourés. Nos futures escadres ainsi composées, les combats seront désormais infiniment moins bruyants; ce sera un silence relatif, non moins grandiose que le bruit des deux mille pièces de canon qui autrefois épouvantaient la mer. L'intérêt qui s'attachait principalement aux manœuvres générales sera désormais réparti sur chacun des combattants.

Ceux-ci, n'ayant plus d'autre moyen d'attaque ou de défense que leurs évolutions, auront plus que jamais besoin de leur gouvernail et de leur hélice, et l'on ne peut se demander sans terreur ce que deviendra, au milieu du formidable silence des luttes futures, un navire qui aura été atteint, qui se sera peut-être blessé lui-même, dans l'un ou l'autre de ces organes.

On trouvera, nous l'espérons, des moyens de protéger l'hélice.

Quant à nous, nous avons essayé de nous rendre utile en cherchant un moyen de soustraire, pendant le combat au moins, l'organe d'évolutions à toute espèce de danger.

Tel est le but que nous nous sommes proposé, et nous espérons l'avoir atteint, parce que nous n'avons rien négligé pour calculer les besoins et les résultats. Nous désirons cependant qu'on ne croie pas que nous nous soyons dissimulé les difficultés de l'entreprise. Il n'y a guère que ceux qui essayent quelque chose de semblable qui sachent tout ce que la science actuelle de l'hydrodynamique laisse à désirer, et combien il est délicat, dans l'état des choses, de vouloir en soumettre au calcul les données plus ou moins certaines. Un vaste champ d'investigations est encore ouvert; c'est peut-être par là qu'il eût fallu commencer, mais ce n'est pas non plus une entreprise d'un jour, et nous donnons pour le moment les résultats auxquels nous sommes parvenus, espérant pouvoir les compléter plus tard par une suite d'expériences qui seraient bien faciles à faire dans un port de mer ou sur toute autre espèce de bassin sans courant.

MÉMOIRE

SUR UN

ÉVOLUEUR HYDRAULIQUE.

I. — Évolueurs essayés ou employés antérieurement. Évolueur proposé.

L'action d'un évolueur quelconque doit pouvoir se résumer en un couple horizontal ou en une force appliquée normalement au plan longitudinal, à une distance variable sur l'arrière ou sur l'avant du centre de gravité.

Le moyen unique employé jusqu'à ce jour de produire cette force est le gouvernail, que nous connaissons tous.

Voilà bien des siècles que cet instrument sert à tous les navigateurs, et cependant, tel nous le voyons encore, tel il était déjà du temps des Phéniciens et des Égyptiens. Sa simplicité et son bon usage furent cause que personne ne songea à chercher mieux tant que ses dimensions lui permirent de conserver sa solidité.

Mais avec les cuirassés, la taille des navires changea. On exigea d'eux une aussi grande rapidité d'évolutions que par le passé. On fût alors forcé d'exagérer aussi la taille des gouvernails, qui devinrent par ce fait plus difficiles à manœuvrer et souvent compromettants pour la sécurité des arrières. C'est en présence de cette nécessité que se présentèrent successivement les idées de réforme.

Tout le monde connaît, sans qu'il soit nécessaire de les décrire, le gouvernail compensé et le gouvernail en deux parties que le gouvernement anglais vient d'appliquer à deux de ses navires, le *Monarch* et l'*Hercules*. Il n'entre pas dans mon projet de discuter ces idées. Ce ne sont, du reste, que de simples modifications du gouvernail ordinaire. Mais je tiens à signaler les autres idées plus originales qui se sont produites dans ces dernières années.

On a d'abord essayé de gouverner au moyen d'hélices, soit qu'on articulât l'arbre de l'hélice propulsive de manière à changer la direction de la poussée, soit en plaçant, contre les parties évidées de l'arrière, des hélices entraînées par un arbre perpendiculaire au plan longitudinal.

Le premier système, proposé par l'ingénieur anglais Curtis [1], consistait à faire commander la partie arrière de l'arbre, par une glissière pratiquée dans le gouvernail ordinaire. Lorsque par l'effet de la barre, le safran s'inclinait sur un bord ou sur l'autre, il entraînait la partie AR du moyeu de l'hélice, et ainsi la poussée de celle-ci et l'action du gouvernail s'ajoutaient pour faire évoluer le navire. Cette installation essayée une fois, je crois, à Toulon, a pu donner de bons résultats pour une embarcation, mais elle me paraît bien difficile à appliquer sur un navire d'un échantillon un peu fort.

Quant au second moyen imaginé, il y a quelques années par M. de Montaigu, on s'est convaincu, qu'il fallait des hélices latérales presque aussi grandes que l'hélice motrice, ce qui nécessitait une grande dépense de force. On pouvait du reste le prévoir, car avec une pareille position des hélices d'évolution le mouvement des veines liquides attirées ou repoussées était trop entravé pour qu'on pût espérer un résultat satisfaisant.

En 1867, le lieutenant colonel Evelyn, présenta à l'exposition universelle un évolueur d'un système tout différent, qu'il appelait le *Palmipède-Gouvernail*. Cet appareil, dont il serait un peu long de donner le mécanisme, et dont on trouvera la description dans la *Revue maritime* (1868, T. 24), n'a pas été expérimenté, mais la commission a été unanime à penser qu'il était d'une application impossible à un navire si petit qu'il fût.

---

[1] Ce système fut appliqué en premier lieu à la chaloupe canonnière anglaise *Charger*. Tout dernièrement le capitaine G. Bremner a proposé un système à très-peu près semblable.

Nous citerons aussi, mais pour mémoire, le système des hélices jumelles, dont l'application a été réalisée sur beaucoup de bâtiments, qui accélère, sans aucun doute, les évolutions, mais qui peut à peine compter comme un évolueur pouvant être employé seul.

Dans toutes ces combinaisons, l'appareil est tout aussi exposé et beaucoup plus délicat que le gouvernail ordinaire. C'est là, nous l'avons dit, un défaut essentiel pour un navire de combat, défaut que ne présente pas le procédé de projection d'eau latérale que nous nous proposons d'étudier.

Voici, afin d'en donner de suite une première idée, quel serait le plan général du nouvel évolueur.

Dans les formes arrière, le plus loin possible du centre de gravité, deux tuyaux symétriques intérieurs déboucheraient à la mer, normalement au plan longitudinal, l'un à bâbord l'autre à tribord. Une pompe aspirant l'eau soit à l'avant soit au fond du navire la refoulerait dans l'un ou l'autre de ces tuyaux suivant le bord où on voudrait venir. Le jet d'eau ainsi projeté au sein de la masse liquide déterminerait l'évolution.

C'est ici, sans aller plus loin, qu'il y a lieu de parler d'une dernière espèce d'évolueur que j'avais omise à dessein, dans l'énumération que j'ai faite tout à l'heure, afin de pouvoir la comparer maintenant plus directement avec mon système.

Je veux parler des batteries cuirassées circulaires qui ont été proposées en 1868 par M. John Elder, qui avaient déjà été employées par les Américains dans la guerre de sécession, et dont la Russie possède maintenant, je crois, quelques échantillons [1].

La coque de ces navires est un segment de sphère immergé et fermé en haut par un autre segment de sphère, au-dessus duquel on ne voit plus que le *pilot house* et la cheminée. La propulsion et l'évolution sont produites toutes deux par une projection d'eau horizontale à la partie inférieure de la coque, mais installée de telle façon que du *pilot house* on puisse changer la direction de cette projection d'eau, et par suite diriger le navire vers tel point de l'horizon que l'on voudra.

---

1 Batteries cuirassées qui n'avaient d'ailleurs de commun que la forme de la flottaison, avec les nouvelles batteries circulaires que la Russie vient de construire.

A la suite de mon premier mémoire, on m'a objecté, que ce que je proposais, n'était autre chose que le mode d'évolution de ces navires. Je crois que c'est une erreur. Dans ce genre de bâtiments circulaires, il est impossible de séparer la forme de la coque de l'évolueur ; l'un ne peut aller sans l'autre, puisque le tuyau inférieur de décharge doit pouvoir faire un tour complet autour d'un axe vertical. De plus, dans l'idée de M. J. Elder, l'évolution n'en est pas une, à proprement parler ; c'est seulement un changement de direction, changement qui s'effectue sans encombre, grâce à la symétrie des formes du flotteur.

Ce que je propose, au contraire, n'a pas besoin d'un navire spécial. C'est une transformation fort simple du matériel actuel. A ce point de vue, la différence est donc bien tranchée entre les deux systèmes.

Mon intention, dans ce travail, est de prouver qu'il est possible, facile même, d'installer l'évolueur hydraulique à bord des cuirassés, tels qu'ils sont. Je vais donc, après avoir rappelé brièvement les équations générales du mouvement giratoire, et m'appuyant sur les données d'expériences en notre possession, calculer les dimensions qu'il serait nécessaire de donner aux divers organes de l'appareil nouveau, et voir ainsi quelle place sera nécessaire et quelles transformations devront subir la coque et la machine.

II. — Rappel des équations générales du mouvement giratoire.

Lorsqu'un corps d'une masse quelconque se meut sous l'impulsion de plusieurs forces, si on exprime qu'à un moment quelconque de ce mouvement les diverses forces en présence se font équilibre, on a les équations du mouvement en question. Pour faciliter la mise en équations, dans le cas le plus général, on choisit deux ou trois axes de coordonnées et on fait entrer dans le calcul les composantes des forces suivant ces axes.

Il faut spécifier, en outre, que les moments des couples produits s'annulent tous. Or, un navire en mouvement, qui n'est soumis qu'à la poussée de sa machine, à l'action de son gouvernail et à la résistance de l'eau, peut être réduit dans l'étude qui nous occupe à la seule flottaison ABCD.

Comme il serait trop long, dans un travail du genre de celui-ci, de reproduire toutes les considérations qui conduisent aux équations cherchées, nous adopterons les résultats qui nous sont fournis par l'ouvrage intitulé *Théorie du gouvernail*, auquel on pourra recourir.

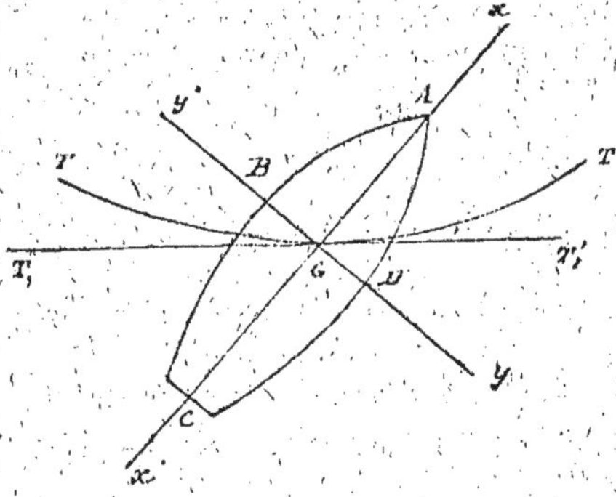

L'auteur de cette brochure, M. l'amiral Bourgois, prenant pour axe des x l'axe longitudinal XX' de la flottaison, pour axe des y une perpendiculaire YY' passant par le centre de gravité G, arrive aux équations suivantes :

$$(1) \qquad P - Rg \sin \alpha - R - M \frac{dV}{dt} \cos \gamma - M \frac{V^2}{\rho} \sin \gamma = o.$$

$$(2) \qquad Rg \cos \alpha - R' - M \frac{dV}{dt} \sin \gamma + M \frac{V^2}{\rho} \cos \gamma = o.$$

$$(3) \qquad Rg\,(l \cos \alpha + m) - \frac{1}{4} K'D^2 l^3 \frac{d\theta^2}{dt^2} - I \frac{d^2\theta}{dt^2} = o.$$

Ces équations expriment que la somme des composantes des forces en jeu, suivant l'axe XX', est nulle ; que la somme des composantes des mêmes forces suivant YY' est nulle, et enfin que la somme des moments des couples produits, par rapport à l'axe vertical passant par G, est également nulle.

L'ouvrage dont j'extrais ce qui précède a employé les notations suivantes :

P	Poussée de la machine (agissant toujours suivant XX')
Rg	Résistance normale totale du safran du gouvernail ;
α	Angle de barre ;
R	Résistance de l'eau au mouvement longitudinal ;
R'	— — latitudinal;
$M \frac{dV}{dt}$	Expression de la force d'inertie tangentielle ;
$M \frac{V^2}{\rho}$	— — centrifuge

γ Angle de dérive ($x\,GT_1'$, sur la figure) ;
ρ Distance de G à l'axe instantané de rotation ;
l Demi-longueur du navire (ou mieux distance de G à l'arrière) ;
m Distance de l'axe du gouvernail à son centre de résistance ;
K' Coefficient numérique (dans le courant de ce travail, j'ai pris $K' = 25^k$, d'après l'amiral Bourgois) ;
D^2 Surface immergée du plan longitudinal ;
$\frac{d\theta}{dt}$ Vitesse angulaire de rotation ;

$\frac{1}{4} K' D^2 l^3 \left(\frac{d\theta}{dt}\right)^2$, expression de la somme des résistances élémentaires de l'eau au mouvement du navire *supposé* tournant sur lui-même ;

I Moment d'inertie de la masse M du navire par rapport à l'axe vertical passant par G.

$I \frac{d^2\theta}{dt^2}$ ou $\int r^2 dm \frac{d^2\theta}{dt^2}$ est donc la valeur du moment du couple produit par toutes les forces d'inertie partielles, dans le mouvement autour de l'axe G.

Si dans ces équations, au lieu de considérer le cas d'un gouvernail, comme le fait l'amiral Bourgois, nous supposons le navire soumis à l'influence d'une force F, de nature quelconque, soit hélice, soit projection d'eau, appliquée normalement au plan longitudinal, n'offrant aucune résistance à la poussée, mais en tous cas absolument indépendante de la vitesse, voyons ce que deviennent les équations obtenues.

Il est évident que $Rg \sin \alpha$, résistance longitudinale du gouvernail, disparaît. $Rg \cos \alpha$ (résistance latitudinale) est remplacé par la force F et $Rg\,(l \cos \alpha + m)$ devient Fb, en appelant b la distance du centre de gravité au point d'application de F. Nous aurons donc :

$$(4) \qquad P - R - M \frac{dV}{dt} \cos \gamma - M \frac{V^2}{\rho} \sin \gamma = o.$$

$$(5) \qquad F - R' - M \frac{dV}{dt} \sin \gamma + M \frac{V^2}{\rho} \cos \gamma = o.$$

$$(6) \qquad Fb - \frac{1}{4} K' D^2 l^3 \left(\frac{d\theta}{dt}\right)^2 - I \frac{d^2}{dt^2} = o.$$

Ces équations conviennent également à toute la durée de l'évolution, que nous diviserons, en suivant encore l'amiral Bourgois, en trois périodes.

Tout en faisant remarquer que la première de ces trois périodes est, à peu près, sinon complétement annulée par l'instantanéité avec laquelle on pourrait disposer de la force F, surtout si c'est un jet d'eau au sein de la mer, nous passerons sur les deux premières, qui ne sont pas d'un intérêt capital, et dont, en aucun cas, on ne pourra se défaire complétement, quel que soit le système adopté.

Si donc, nous ne nous occupons du navire, qu'au moment où son mouvement giratoire est devenu uniforme, nous pourrons annuler, dans les équations précédentes, dV et $\frac{d^2\theta}{dt^2}$, et nous aurons ainsi les trois équations :

$$P - R - M\frac{V^2}{\rho}\sin\gamma = o. \tag{7}$$

$$F - R' + M\frac{V^2}{\rho}\cos\gamma = o. \tag{8}$$

$$Fb - \frac{1}{4}K'D^2l^3\left(\frac{d\theta}{dt}\right)^2 = o. \tag{9}$$

Les équations où entrent comme variables P, F, b, ρ, $\frac{d\theta}{dt}$ et γ, nous permettront, étant données trois de ces quantités, de déterminer les trois autres.

Cherchant à substituer au gouvernail une autre source de force, nous devons d'abord nous demander quelle sera la grandeur de la force F, que nous devrons employer pour produire telle vitesse d'évolution. Supposons donc P, b et $\frac{d\theta}{dt}$ connus, des trois inconnues, F, γ et ρ, la première est la seule qui nous intéresse, et l'équation (9) va nous la donner de suite :

$$F = \frac{1}{4}K'D^2\frac{l^3}{b}\left(\frac{d\theta}{dt}\right)^2. \tag{10}$$

Quoique nous ayons supposé jusqu'ici que le centre de gravité se trouve au milieu de la longueur du navire, et que nous ayons pris pour l, la demi-longueur du bâtiment, dans la pratique nous donnerons à G sa véritable position et nous ferons entrer dans l'expression de F la valeur de l qui correspond à la partie arrière du navire.

De cette façon, comme l et b sont peu différents, et que le premier entre au numérateur à la troisième puissance, tandis que le second n'est au dénominateur qu'à la première, nous serons sûrs d'avoir pour F un maximum.

Mais comme, en ce moment, nous ne cherchons qu'à nous assurer de la possibilité d'appliquer aux navires un autre moteur d'évolutions que le gouvernail, nous ne poursuivrons pas la résolution des équations, nous réservant toujours la faculté d'y revenir, une fois que nous serons fixés sur la nature de cette force F, dont nous ne connaissons encore que la valeur en kilogrammes.

III. — Faits acquis par l'expérience. Examen des résultats que l'on pourrait obtenir.

Il faut maintenant rechercher si les dimensions qui vont nous être imposées par la condition d'avoir une poussée latérale égale à la force F, sont ou non applicables dans la pratique.

Malheureusement, nous sommes à court d'expériences et de lois sur l'écoulement de l'eau au sein de l'eau. L'abbé Bossut, Du Buat, de Prony et leurs successeurs se sont bien occupés de la *vitesse* d'écoulement d'un liquide sortant d'un vase pour jaillir, soit dans le vide, soit au sein d'un autre vase, déjà plus ou moins rempli de liquide. Mais aucun d'eux, que je sache, n'a mesuré la force de recul produite dans ce dernier cas, et n'en a étudié les lois. Afin de ne pas entraver l'étude qui a directement trait à l'évolueur, j'ai renvoyé à la fin de ce travail un chapitre spécial consacré à cette théorie et aux expériences sur la réalisation desquelles je ne saurais insister trop vivement.

Ces expériences une fois faites, sans avoir encore le bonheur de pouvoir formuler une relation générale entre la vitesse d'écoulement, la grandeur et la forme de l'orifice, et le recul obtenu, nous serions du moins en possession de quelques renseignements plus scientifiques que ceux que nous avons actuellement entre les mains et sur lesquels nous allons tâcher d'asseoir quelques probabilités.

Les faits acquis dont nous nous servirons comme point de départ sont les résultats obtenus par deux navires ou bateaux, le *Seraing* et le *Waterwitch*.

Le premier, petit bateau exposé en 1867 par M. Cockerill, constructeur belge, avait les dimensions suivantes :

Longueur	15m
Tirant d'eau moyen	0m609
Déplacement	9t710
Surface immergée du maître-couple	1m40

Force nominale de la machine	4^{ch}
Surface totale des orifices de décharge	$0^{mc}0258$
Diamètre de la turbine	$0^{m}80$
Nombre de tours de la turbine	180 [1]

Ce bateau recevait son mouvement de deux courants d'eau projetés par la turbine intérieure, dans deux tuyaux de décharge recourbés, en temps ordinaire, vers l'arrière. La vitesse tangentielle de l'extrémité des pales de cette turbine était de $7^{m}53$ par seconde, avec le diamètre et le nombre de tours donnés plus haut. On estime que la vitesse du liquide, au sortir de l'orifice d'évacuation était d'environ $5^{m}50$.

La vitesse qu'on obtint, dans les expériences avec et contre le courant de la Seine, fut en moyenne de $5^{n}55$ soit de $2^{m}85$ par seconde.

Quelques mois auparavant, les Anglais appliquaient le système de pression hydraulique à un de leurs navires cuirassés, le *Waterwitch*, qui fit ses expériences comparatives de 1866 à 1870.

Tirant d'eau *AV*	$3^{m}30$	Tirant d'eau moyen	$3^{m}37$
Tirant d'eau *AR*	$3^{m}45$		
Déplacement			778^{tx}
Surface immergée du maître-couple			$31^{mc}85$
Force nominale de la machine			160^{ch}
Diamètre de la turbine			$4^{m}41$
Nombre de tours			41^{m}
Somme des sections des orifices de décharge			$0^{mc}250$ [2]

La vitesse tangentielle de l'extrémité des palettes était ainsi de $9^{m}50$.

La vitesse obtenue dans les premières expériences fut de $9^{n}474$.

Ces chiffres étant donnés, je me propose, dans ce chapitre, d'estimer d'abord, en kilogrammes, la force de poussée produite dans les deux cas par les jets d'eau, et de chercher quelle vitesse d'évolution on obtiendrait en appliquant cette force latitudinalement à l'arrière de quelques navires. La comparaison avec les expériences giratoires qui sont en notre possession nous fixera sur la valeur de ces résultats.

Pour avoir, en kilogrammes, la force de propulsion des deux bâtiments cités plus haut, prenons donc, comme on le fait le plus souvent, la formule $KB^{2}V^{2}$ [3] pour expression de la résistance de l'eau au

---

[1] *Revue maritime et coloniale*, 1868-1872.

[2] *Revue maritime et coloniale*, 1866-1873 et 1867-1873.

[3] K, coefficient numérique; B^{2}, surface immergée du maître couple; V, vitesse.

mouvement en avant du navire. Cette résistance est la mesure exacte de la force de propulsion, une fois que la vitesse s'est uniformisée. Adoptons pour le coefficient K la valeur 10^k43, que le général Morin[1] a trouvée en faisant des expériences de halage sur des bateaux à peu près dans les mêmes conditions que celui qui nous occupe. Le calcul numérique effectué, nous arrivons ainsi au chiffre de 118^k23, qui sera la mesure de la poussée exercée par le propulseur hydraulique du *Seraing*. Nous avons du reste, pour arriver à ce résultat, négligé la correction qu'on aurait pu lui faire subir, afin de tenir compte du frottement de la partie mouillée. Cette correction eût été d'environ 7 ou 8 kilogrammes. Elle est donc négligeable.

En appliquant la même formule au *Waterwitch*, mais en prenant pour K la valeur 3^k6 qui convient aux navires de cette taille, nous trouvons comme poussée 2,400 kilogrammes.

Supposons maintenant que ces jets d'eau qui produisent une force de poussée ou de recul de 118 kilogrammes dans un cas, de 2,400 kilogrammes dans l'autre, soient placés, non plus dans le sens de la longueur du navire, mais dans le sens de sa largeur et le plus près possible de l'arrière, comme nous l'avons expliqué plus haut dans le plan général. Supposons qu'ils produisent dans ces nouvelles conditions la même force que précédemment (et tout porte à croire, comme nous le verrons plus tard, que la force produite sera plus grande), quelle vitesse d'évolution arriverons-nous à avoir?

Occupons-nous d'abord du premier des deux résultats obtenus plus haut, et reprenons la formule (10).

$$F = \frac{1}{4} K' D^2 \frac{l^3}{b} \left(\frac{d\theta}{dt}\right)^2,$$

dans laquelle K' est un coefficient numérique auquel on donne en général la valeur de 25 kilogrammes. Choisissons comme inconnue, soit l, soit $\frac{d\theta}{dt}$. Si nous supposons que les orifices d'évacuation soient percés à 1^m50 de l'arrière, b sera égal à $l - 1^m50$.

En faisant le calcul, nous trouvons que le courant d'eau lancé par la turbine du *Seraing*, et placé dans les conditions spécifiées plus haut, ferait faire une évolution complète en 2^m30^s à un petit navire

[1] Morin, *Notions fondamentales de mécanique*, p. 381.

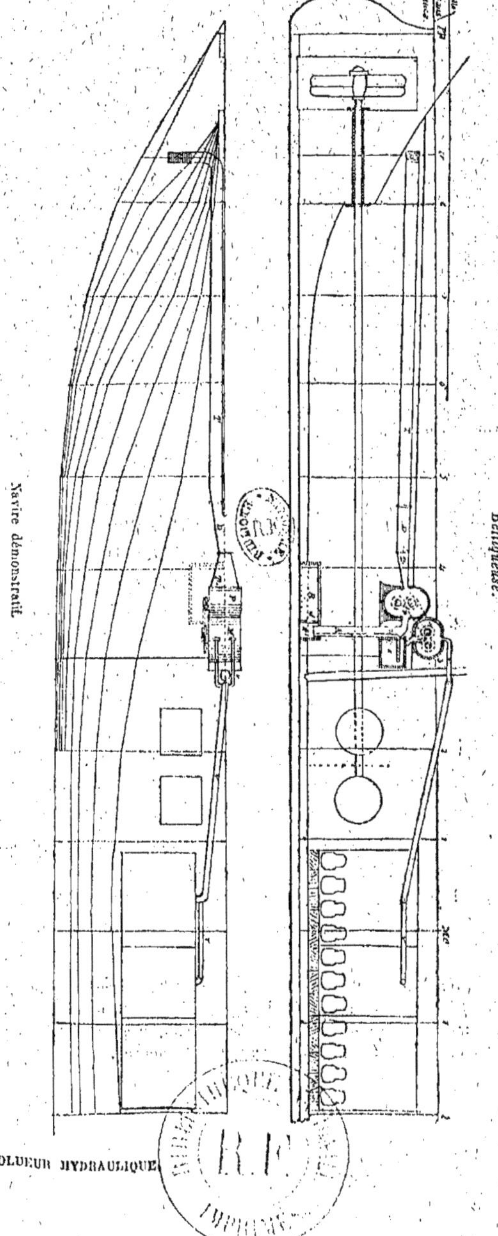
Navire démonstratif
Belliqueuse.

ayant 1ᵐ30 de tirant d'eau et 7ᵐ20 pour valeur de l, c'est-à-dire une longueur d'environ 14 mètres.

En suivant la même marche, on verrait que le propulseur du *Waterwitch* appliqué à la corvette la *Belliqueuse* lui ferait faire un tour complet en 4ᵐ41ˢ [1].

Sur le *Marengo* l'évolution se ferait en 7ᵐ28ˢ [2].

Or, si nous recourons, comme comparaison, au tableau des expériences giratoires des navires anglais, donné par le *Rapport de la commission de la marine à l'Exposition de* 1867, nous y trouvons des données sur neuf navires qui sont, par ordre de vitesse d'évolution croissante :

Warrior	9ᵐ10ˢ
Minotaur	7ᵐ38ˢ
Achilles	7ᵐ15ˢ
Wyvern	5ᵐ28ˢ
Caledonia	5ᵐ15ˢ
Ocean	4ᵐ57ˢ
Lord Clyde	4ᵐ56ˢ
Lord Warden	4ᵐ56ˢ
Bellerophon	4ᵐ10ˢ

En écartant de la liste le *Warrior*, dont l'évolution est par trop lente, nous trouvons pour les huit autres une moyenne de 5ᵐ34ˢ comme durée de l'évolution complète à toute vitesse.

Je n'ai pu me procurer un tableau analogue pour les navires français. Toutefois, le *Marengo*, un des modèles les plus récents, met 5ᵐ12ˢ à faire son tour complet à toute vitesse.

Le résultat que nous obtiendrions sur la *Belliqueuse* (4ᵐ41ˢ) serait donc un des plus beaux que l'on connaisse.

Mais, pour le moment, nous adopterons la moyenne de 5ᵐ34ˢ, ou, en chiffres ronds, 5ᵐ30ˢ, comme une vitesse d'évolutions suffisante et nous allons, en renversant la question, chercher quelles seraient les dimensions du navire semblable, géométriquement parlant, à la *Belliqueuse*, et qui ferait son évolution dans cet intervalle de temps.

Revenons à notre formule fondamentale (10). D^2, l et b étant les valeurs des variables relatives à la *Belliqueuse*, appelons D'^2, l' et b' les

---

[1] *Belliqueuse* : Longueur 70ᵐ00; tirant d'eau 5ᵐ96, largeur 14 mètres. Déplacement 3,400 tonneaux. Dans ce calcul j'ai supposé $l=40$ mètres, $b=35$ mètres.

[2] *Marengo* : Longueur 87ᵐ75 ; tirant d'eau 8ᵐ90, largeur 17ᵐ25. Déplacement 7,164 tonneaux. J'ai supposé $l=48$ mètres, $b=42$ mètres.

valeurs de ces mêmes variables qui conviennent au navire démonstratif. Les deux navires étant géométriquement semblables, nous pourrons poser, en appelant β un coefficient numérique :

$$D'^2 = D^2\beta^2, \qquad l' = l\beta, \qquad b' = b\beta.[1]$$

L'expression (10) devient alors, en l'appliquant au second bâtiment et en conservant la même valeur à F :

$$F = \frac{1}{4} K'D'^2 \frac{l'^3}{b'} \left(\frac{d\theta}{dt}\right)'^2 = \frac{1}{4} K'D^2 \frac{l^3}{b} \left(\frac{d\theta}{dt}\right)'^2 \times \beta^4.$$

Remplaçons les lettres par les nombres qu'elles représentent et tirons β :

$$= \sqrt[4]{\frac{4Fb}{K'D^2l^3\left(\frac{d\theta}{dt}\right)'^2}} = \sqrt[4]{\frac{4 \times 2400 \times 35}{25 \times 420 \times 40^3 \times 0.000361}} = 1.085.$$

Le navire idéal que nous cherchons aura donc comme dimensions :

$$2l = 75^m95, \qquad T = 6^m50, \qquad b = 38^m00.$$

c'est à lui que se rapporteront tous les calculs que nous ferons désormais.

IV. — Détails de l'installation.

Mon but, dans ce travail, est de démontrer que l'appareil que je propose occupe assez peu de place, eu égard aux services qu'il est appelé à rendre, pour que son encombrement ne puisse être un obstacle à son adoption. Tout revient donc à une question de chiffres. Or, avant de passer aux calculs partiels qui doivent servir de justification à ce que j'avance, il me paraît indispensable d'exposer avec quelques détails la disposition que je compte donner à l'appareil et de développer les considérations qui m'ont conduit à adopter tel ou tel détail d'installation.

De plus cette exposition me servira de canevas pour le chapitre

---

[1] Pour les détails qui suivent sur les pompes, j'ai adopté les opinions données dans le *Rapport de la commission de la marine à l'exposition*, rapport reproduit par la *Revue maritime et coloniale*, 1868 (tome 24, p. 339).

suivant, dont les calculs pourront ainsi être plus nettement classés et présentés.

Le système de turbine adopté sur le *Seraing* et le *Waterwitch* pour produire l'expulsion de l'eau joint à l'inconvénient d'un encombrement très-grand, celui d'une utilisation très-faible[1]. Toutes les pompes à forces centrifuges qui figuraient à l'Exposition universelle de 1867 ont fait preuve, pour les grands débits et les vitesses restreintes, d'une infériorité très-grande, vis-à-vis des autres pompes. Or nous verrons, tout à l'heure, que nous avons besoin d'un très-grand débit. On a, il est vrai, obtenu de bons résultats avec des appareils donnant 500 tours par minute, comme la pompe centrifuge de M. Coignard, ou jusqu'à 800, comme celle de M. Gwynne. Mais ces appareils étaient d'un petit diamètre, et il me paraît impossible que leur très-grande vitesse puisse s'accommoder aux dimensions qui nous sont imposées par les conditions du problème qui nous occupe. J'ai donc laissé de côté ce

[1] Ce système est trop connu, je crois, pour qu'il soit nécessaire d'en donner

fig. 1

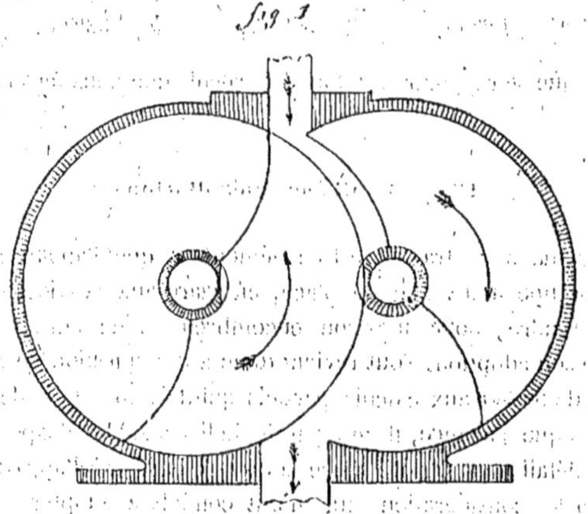

Échelle de $0^{m}04$ par mètre.

ici la description. J'en ai donc simplement tracé le croquis ci-joint. On pourra du reste recourir à l'ouvrage de M. Ledieu intitulé : *La Rotative Behrens et la question de stabilité des machines*, ainsi qu'à la *Revue maritime et coloniale*, 1868, tome 22. Le brevet de cette invention est exploité en France par la maison Pétau et Cie.

genre de pompes, ainsi que la pompe à piston ordinaire, dont le mouvement alternatif peut exposer à des avaries, et je me suis arrêté à la pompe rotative Behrens, qui se recommande par la régularité de sa marche, par son grand débit et son peu d'encombrement. De plus, comme les pompes à piston, elle a un rendement presque égal à l'unité, lorsqu'il s'agit d'élever l'eau à une faible hauteur, et comme nous le verrons, la pompe de l'évoluteur est dans les meilleures conditions désirables à ce point de vue.

Vient la question du moteur. Tout d'abord on pense à faire conduire la pompe par des renvois de mouvement qui relieraient son arbre avec celui de la machine. On aurait ainsi l'avantage de pouvoir la placer tout à fait à l'arrière, de diminuer la longueur des tuyaux qui nous sont nécessaires et, en somme, de restreindre considérablement notre outillage. Mais ce serait vouloir se priver des avantages principaux du système, dont la supériorité consiste justement en ce que le navire qui en sera muni pourra gouverner sans être astreint à faire tourner son hélice.

Nous devons donc admettre en principe, qu'il nous faut une machine à vapeur spéciale, et ici encore c'est le système Behrens que j'ai choisi. Cette machine, qui offre une partie des avantages de la pompe du même inventeur, peut marcher avec de la vapeur à une pression absolue quelconque à partir d'une atmosphère et demie.

Son seul inconvénient est de ne pas être très-économique, mais ce défaut est ici sans importance, puisque notre appareil, qui n'empêche nullement de conserver l'ancien gouvernail, pour la navigation ordinaire, ne sera que d'un usage accidentel.

Pour cette machine on pourrait avoir une chaudière spéciale, mais nous serions ainsi forcés de changer complétement l'arrimage, et sans aller aussi loin, je crois qu'on pourra arriver au but en se servant de l'appareil évaporatoire existant déjà à bord, puisque les chaudières réglementaires peuvent fonctionner à une pression *relative* de deux atmosphères et même plus. Malheureusement, nous serons obligés de rapprocher notre pompe et son cylindre à vapeur du milieu du navire, afin d'éviter une trop grande longueur de tuyaux de prise de vapeur, et, par suite, une trop grande perte de calorique.

D'après ces considérations, voici comment sont installées les diverses parties de l'appareil :

Une des chaudières de l'arrière est munie de deux soupapes d'arrêt, qui permettent de la faire communiquer à volonté, soit avec les autres chaudières, soit avec le cylindre à vapeur Behrens, M (*fig.* C). Celui-ci, relié à la chaudière choisie par un tuyau de vapeur, *v*, est placé sur l'arrière de la machine principale et le plus près possible d'elle. On conçoit que l'installation de cet organe peut varier beaucoup, suivant les aménagements du navire auquel on veut appliquer l'évolueur. Sur la figure ci-jointe (*fig.* C), où je me suis servi des cotes et des dispositions actuelles de la *Belliqueuse*, à une échelle différente, je l'ai fait reposer horizontalement sur le plan du faux-pont.

La pompe P est placée verticalement sur l'arrière et en contre-bas de la machine rotative, dont elle reçoit son mouvement par un système de chaînes ou de courroies sans fin s'enroulant sur des roues d'engrenage ou des tambours fixés aux extrémités de l'un des arbres horizontaux de la machine et de la pompe. Celle-ci est soutenue par un petit bâtis, ou simplement encastrée entre deux barrots du faux-pont. En la plaçant ainsi, les tuyaux d'évacuation, dont nous parlerons tout à l'heure, se développent jusqu'à l'arrière sous ces barrots, aux-

Fig. C.

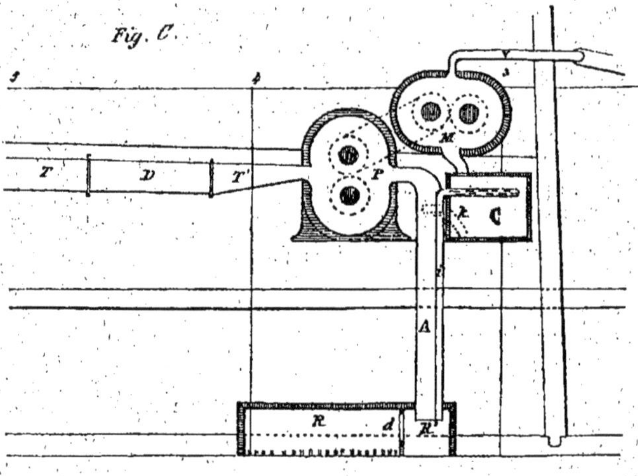

Échelle de 0m01 par mètre (*Belliqueuse*).

quels ils pourront être aisément fixés, et c'est là, d'ailleurs, qu'ils gêneront le moins la circulation intérieure du navire.

Afin de fournir une alimentation d'eau suffisante, j'emploie une disposition semblable à celle du *Waterwitch*. Dans la cale, et le plus

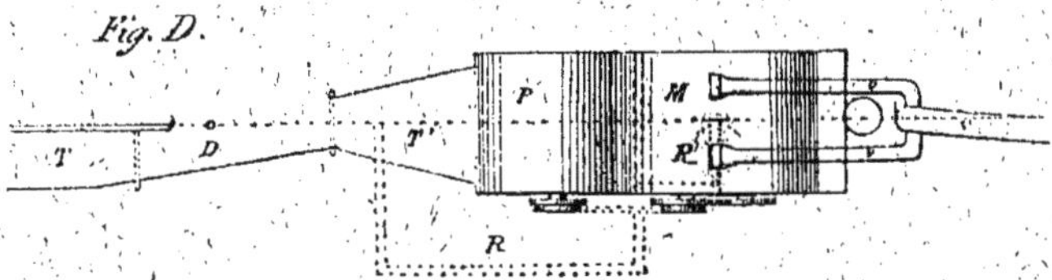

possible au-dessous de la pompe, est une caisse étanche en tôle R, fortement consolidée contre la pression intérieure de l'eau, et appliquée sur le fonds du navire qui en forme la face inférieure. Cette paroi inférieure est percée d'un grand nombre de petits trous circulaires de 3% de diamètre qui donnent accès à l'eau. Cette disposition nécessitera un changement dans les fonds du bâtiment en cet endroit; mais, sur les bâtiments en fer, il n'y aura aucune transformation à effectuer.

Un second réservoir, beaucoup plus petit, R', dont le fond n'est plus percé, communique avec le premier par deux grandes ouvertures *d* (*fig.* C) qu'on peut à volonté fermer par des vannes rectangulaires. Ce second réservoir, placé sur l'avant ou sur l'arrière du premier, sert d'intermédiaire entre celui-ci et les tuyaux d'aspiration, A,A, qui amènent l'eau le plus directement possible à la pompe dont nous avons déjà parlé.

Cette eau est alors entraînée par les cames qui lui communiquent l'impulsion qu'elle restituera plus loin sous la forme de force de recul. De là elle suit un premier tuyau, T_1, qui la conduit à une caisse en bronze, D, que nous appellerons le distributeur, où se trouve le mécanisme proprement dit de l'évolueur, et d'où elle est dirigée, suivant la volonté du capitaine, dans un des tuyaux T,T' ou dans les deux à la fois. Ces tuyaux d'évacuation, fixés, comme je l'ai dit plus haut, sous les baux du faux-pont, se rendent directement jusqu'à l'arrière. Là ils se recourbent vers l'extérieur, chacun d'un bord, et projettent enfin l'eau à la mer par les orifices rectangulaires OO.

Ces orifices sont formés par un manchon en bronze retenu dans la muraille par deux collerettes, l'une intérieure, l'autre extérieure, disposition analogue à celle de toutes les ouvertures que l'on pratique

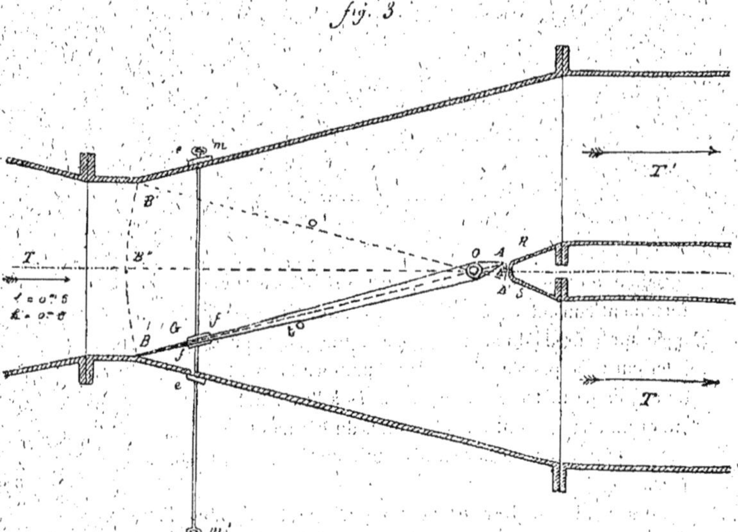

fig. 3

Échelle de 0m05 par mètre.

dans la muraille d'un navire. Chacune de ces collerettes est en même temps disposée pour recevoir une vanne de sûreté dont on verra tout à l'heure la disposition, l'utilité et l'emploi.

Revenons à la construction du distributeur. C'est une caisse en bronze de hauteur uniforme et dont j'ai tracé le plan (*fig.* 3). Elle a trois ouvertures rectangulaires disposées pour recevoir les raccordements des trois tuyaux T, T' et T_1 ; elle est traversée verticalement par une forte cheville en cuivre O boulonnée à ses deux extrémités qui font saillie en dehors de la caisse. C'est l'axe d'une forte lame de bronze AB, dont la hauteur est égale à celle du vide intérieur, et qui peut prendre un mouvement de rotation horizontale, limité par les parois du distributeur. Elle peut donc occuper toutes les positions comprises entre les tracés AB et A'B'.

Avant d'aller plus loin on conçoit facilement que, lorsqu'au moyen d'un mécanisme quelconque on lui fera prendre une de ces positions autre que A″B″, le courant d'eau qui arrive par T_1 se trouvera inégalement réparti dans les tuyaux d'évacuation T et T′, ou même complètement envoyé dans l'un d'eux. C'est de là que dépend la poussée latitudinale que nous cherchons à produire à l'arrière, c'est, en d'autres termes, ce qui détermine l'évolution. Quant à la position moyenne A″B″, elle correspond évidemment à l'égale répartition de l'eau dans T et T′. Tant que la valve occupera cette position, le navire gouvernera droit. Ainsi, sans parler des positions intermédiaires qui serviront à graduer les embardées, le navire viendra tout sur bâbord, ou tout sur tribord, ou gouvernera droit, suivant qu'on aura donné à la valve les positions A′B′, AB ou A″B″.

La longueur de cette valve sur l'arrière de l'axe O est limitée par la condition de tangenter le raccordement *rs* des deux tuyaux TT′. Quant à sa longueur sur l'avant du même axe, elle n'est réglée que par l'obligation de faire butter l'extrémité B contre les parois de la caisse sans que l'angle formé par AB et la direction du courant d'eau venant de T_1 soit trop considérable. C'est, du reste, une précaution générale qu'on doit avoir d'adoucir le plus possible les détours qu'on impose au courant, chacun de ces changements de direction étant une perte de force et de vitesse. La longueur AB est donc un détail qui, dans ces limites assez larges, reste à la disposition du constructeur. Mais on remarquera que la position relative de l'axe O sur la longueur du papillon est intimement liée avec l'effort qu'il faut exercer sur ce papillon pour la manœuvrer. On verra au chapitre suivant quelle est la position qui me semble la meilleure et quelles sont les raisons qui me l'ont fait adopter. Qu'il suffise dès maintenant de savoir que l'axe O est sur l'arrière du milieu de AB, de sorte que pendant le passage de l'eau la valve a toujours de la tendance à tomber dans l'une de ses positions extrêmes, disposition qui annulera presque le temps que, sur les navires actuels, on emploie à mettre la barre toute d'un bord.

Comme dans ces positions extrêmes, l'effort supporté par le papillon est assez considérable, quatre petits boutons faisant saillie sur les parois internes, supérieure et inférieure de la caisse, serviront à le soulager. Les deux boutons inférieurs sont représentées en *tt*.

Avant de passer à d'autres détails, on remarquera que j'ai donné à la section horizontale de la lame AB la forme d'un losange à pointes inégales. Cette disposition, ou toute autre analogue, m'a semblé nécessaire pour détourner légèrement les filets d'eau de la partie *rs*, sur laquelle, sans cela, il y aurait choc quand le navire gouvernerait droit ou à peu près. C'est pour la même raison que j'ai arrondi le plus possible ce raccordement des tuyaux T et T', où se fait le partage des courants, dans les positions de AB voisines de la médiane. Du reste, dans tous les organes que je viens de décrire, il importe essentiellement que toutes les arêtes, dont les génératrices ne sont pas dans le sens du courant, soient arrondies et affaiblies le plus possible.

La manœuvre du distributeur peut se faire de deux manières.

On peut d'abord prolonger l'axe O et le garnir d'une espèce de barre à tireveilles.

Le second moyen consiste à installer, comme je l'ai figuré, une tringle rigide *m m'*, glissant dans deux presse-étoupes *ee*, et traversant horizontalement la caisse. Au point G, où elle rencontre la partie avant du papillon, elle est reliée à celui-ci par un bouton à glissière qui se meut dans une fente longitudinale *ff'*. Les deux extrémités de cette tringle sont façonnées en anneaux sur lesquels on pourra fixer la transmission de mouvement.

Ces procédés pourront être tous deux employés avantageusement suivant le cas. Tant qu'il s'agira d'un petit navire et que l'effort du courant d'eau sur AB ne sera pas considérable, la force de torsion produite sur l'axe O ne sera pas très-grande, et on pourra se servir du premier moyen qui offre l'avantage de n'avoir pas à percer les trous *e, e* pour les presse-étoupes. Mais aussitôt que par suite de la grosseur du bâtiment cet effort croîtra sensiblement, on emploiera le second procédé, qui, par sa disposition, peut offrir autant de résistance qu'on le désire.

Quant aux transmissions de mouvement qui mettront l'un ou l'autre de ces organes dans la main du commandant, il est inutile, je crois, d'entrer à ce sujet, dans des détails qui pourront varier sur chaque navire et suivant chaque constructeur.

Pour en finir avec la construction générale, il me reste à parler de deux accessoires : l'appareil de condensation et les vannes de sûreté.

Après avoir agi sur les cames de la machine, la vapeur se rend dans un condenseur situé au-dessous du cylindre et près de la pompe. Afin de masser autant que possible les diverses parties de l'appareil, le condenseur est partagé en deux parties qui laissent entre elles assez d'espace pour le passage du tuyau d'aspiration de la pompe[1]. L'eau

---

[1] Sur la figure C, j'ai, au contraire supposé le condenseur formé d'une caisse unique.

d'injection est fourni par un tuyau spécial *i* qui va la prendre au petit réservoir de cale R'. Après la condensation, elle est expulsée par une petite pompe à air rotative appliquée contre les parois externes du condenseur. Cette pompe la rejette soit dans le grand tuyau T_1, soit dans le tuyau d'aspiration A.

Tel que je viens de le décrire, l'appareil est complet. Mais on pourrait y apporter, je crois, quelques simplifications. La première consisterait à supprimer la pompe à air, qui, attelée par une chaîne ou courroie sans fin à l'un des arbres de la machine rotative, lui enlève une certaine quantité de sa puissance. Il me semble, en effet, qu'on pourrait arriver à se débarrasser de l'eau de condensation en introduisant dans le condenseur et, à la hauteur voulue, le bout d'un tuyau *k* dont l'autre extrémité serait pour ainsi dire greffée sur le grand tuyau d'aspiration A. La succion opérée ainsi par la grande pompe ne ferait-elle pas dans ce cas l'office de pompe à air ? Je le crois d'autant plus que, si l'aspiration en question n'est pas assez forte, rien n'empêche d'augmenter un peu le tuyau d'évacuation du condenseur, dont les dimensions sont d'ailleurs assez faibles.

La deuxième modification qu'on pourrait faire serait de supprimer complétement le condenseur et ses accessoires. Ici nous ne sommes pas sans avoir un précédent. Dans la machine rotative qui faisait marcher la pompe de cale du *Solferino*, on avait simplement mis en communication le tuyau d'évacuation de la vapeur avec les grands tuyaux de refoulement d'eau. Il y avait là une succion de vapeur analogue à la succion d'eau dont je parlais plus haut. La contre-pression, il est vrai, n'était pas aussi faible que si on eût employé une condensation mieux ménagée. Mais peut-être pourrait-on, par quelques perfectionnements dans ce sens, arriver à se débarrasser complétement de l'appareil de condensation.

En tous cas, je n'oserais me prononcer sur la possibilité de ces deux modifications. Des personnes plus compétentes que moi les jugeront.

Quant au système de sûreté, on remarquera que les deux orifices d'évacuation O O, ainsi que la plaque de fer criblée de trous, qui sert de paroi inférieure au grand réservoir R, constitueraient un danger permanent pour le bâtiment, s'il n'y avait quelques précautions prises contre les avaries qui peuvent se présenter. C'est dans ce but que sont installées les vannes de sûreté dont nous avons déjà parlé, lorsqu'il a été question de ces différents orifices. Que l'on suppose une réparation, une visite ou simplement un nettoyage à faire dans une partie quelconque de l'appareil, on fermera les deux orifices de décharge et les ouvertures qui font communiquer les deux réservoirs. Une cinquième ouverture, dont nous n'avons pas encore parlé, fait communiquer le petit réservoir R' avec la cale. Elle est fermée en temps ordinaire par une vanne de même forme que les autres. Si on l'ouvre alors, toute l'eau contenue dans le tuyautage intérieur s'écoulera dans le fond du navire, d'où on l'extraira ensuite par un procédé quelconque, et l'on pourra se livrer à tous les travaux de démontage exigés par les circonstances.

En récapitulant le nombre des ouvertures, nous en trouvons donc cinq qui sont fermées par sept vannes. Les orifices sont tous rectangulaires, leurs fermetures seront donc simples à construire. D'ailleurs, l'usine d'Indret a déjà fabriqué des diaphragmes analogues pour tuyaux de décharge de grande dimension : nous n'aurons qu'à employer le même système. J'ai copié dans l'ouvrage de M. Ledieu sur les ma-

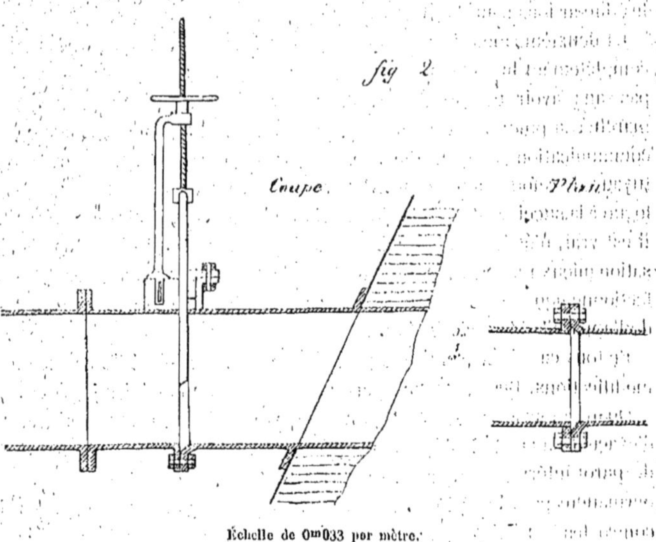

Échelle de 0m033 par mètre.

chines à vapeur le croquis de ces vannes (*fig.* 2). On pourra, du reste, pour les fermetures extérieures des orifices de décharge, employer encore un système plus simple représenté dans le même ouvrage (Pl. 26. *fig.* XIV).

J'ai parlé tout à l'heure de la communication établie entre le réservoir R' et la cale. Cette ouverture est disposée en prévision d'une voie d'eau dans une partie quelconque du navire. Supposons qu'un accident de cette nature arrive pendant que les feux sont allumés et que la machine de l'évolueur est en marche. Si on ferme en totalité ou seulement en partie les vannes R-R' et qu'on ouvre la prise d'eau à la cale, l'énorme quantité d'eau qui, auparavant, était puisée à la mer, le sera maintenant dans le bâtiment, et les plus fortes avaries pourront être ainsi combattues.

V. — Dimensions des pièces. — Poids et dépense.

Cherchons maintenant les dimensions qu'on devra donner aux diverses pièces de l'appareil, en particulier à la pompe et à la machine destinée à l'actionner, en partant de ce point que la force de recul produite doit être, comme sur le *Waterwitch,* de 2,400 kilogrammes. On observera aussi que rien ne nous autorise, quant à présent, à donner une valeur différente de celle qu'ils avaient sur ce bâtiment, aux différents éléments qui peuvent altérer le recul, tels que la vitesse ou la section du jet d'eau. Nous avons entre les mains un résultat d'expérience certain; bornons-nous à le transporter, sans changer ses données essentielles, à bord du navire idéal sur lequel nous raisonnons. Plus tard nous verrons ce que l'expérience nous permettra de modifier.

Orifices d'évacuation. La section de chacun des orifices du navire qui nous sert de point de départ est de $0^{mc}125$. Leur somme $0^{mc}250$ représente un cercle de $0^{m}56$ de diamètre que nous aurons à percer de chaque bord, à l'arrière du navire. Cette largeur pourrait peut-être difficilement s'accommoder au peu d'espace que l'on met maintenant entre les couples des navires de guerre en fer. Aussi ai-je donné une forme rectangulaire ($0^{m}60$ de hauteur et $0^{m}417$ de largeur) à ces ouvertures, ce qui donnera beaucoup de facilités à la construction. Je ne crois donc pas que ces orifices soient un obstacle à l'installation de l'évolueur à bord. Il est bien entendu que les dimensions données sont celles de la projection de l'orifice sur le plan longitudinal, et non celles qui se mesurent sur les formes mêmes du navire.

Quant à la position de ces évacuations, les tuyaux du *Waterwitch* débouchaient à environ 1 mètre sous l'eau. Jusqu'à nouvel ordre, nous leur conserverons cet enfoncement qui sur la planche est de 1^m10, compté à partir du côté supérieur du rectangle.

Pompe. Nous avons conservé aux orifices leur surface de section et leur enfoncement. Pour produire la même force que sur le *Waterwitch*, nous devons évidemment conserver au jet sa vitesse. Une fois que nous possèderons cet élément, nous aurons facilement le débit de la pompe, et, par suite, ses dimensions.

Malheureusement, je n'ai pu trouver aucun renseignement sur cette vitesse. Les expériences du navire cuirassé en question n'en parlent pas. C'eût été cependant une donnée précieuse pour le sujet qui nous occupe, donnée qu'on se serait facilement procurée, en mettant, par exemple, dans le courant de sortie du tuyau de décharge, et assez près de l'orifice, un petit compteur à hélice, tel qu'on en emploie quelquefois pour remplacer le loch ordinaire. Le recul mentionné par le rapport de la commission à l'Exposition, que j'ai déjà cité, recul égal à 0.489 pour une vitesse de 9^n474, soit 4^m867 par seconde, n'est autre chose que le rapport de la différence entre la vitessse de l'extrémité des pales de la turbine et la vitesse du navire, à cette même vitesse des pales : $\frac{V-v}{V}$, V étant la vitesse tangentielle de l'extrémité des pales, et v la vitesse du navire. C'est une expression semblable, comme on le voit, à celle qui donne le recul des hélices. L'analogie eût été plus grande, cependant, et les résultats plus comparables, si V eût exprimé la vitesse du courant d'eau à sa sortie des tuyaux. Quoi qu'il en soit, le seul renseignement que nous puissions tirer de cette donnée, la vitesse des pales, nous l'avons déjà dans les renseignements donnés sur les expériences du *Waterwitch*. Nous savons que cette vitesse était de 9^m5^s. Or, il est impossible d'admettre [1] qu'avec des tuyaux de refoulement de 0^m40 de diamètre, la vitesse du courant fût supérieure à celle de la turbine. J'ai donc adopté ce chiffre de 9^m50 comme vitesse d'écoulement de l'eau, ce qui revient à un débit de 8,550 tonneaux par heure.

Si maintenant nous supposons que notre pompe rotative Behrens

---

[1] *Voir*, ci-après, la raison qui m'a fait émettre cette opinion.

donne 120 tours par minute, il faudra qu'elle débite à chaque tour un volume de $1^{mc}.1875$.

Or, l'appareil, disposé comme je l'ai figuré, est tout entier au-dessous de l'eau, à l'exception de la partie supérieure du cylindre à vapeur. A l'état de repos, les vannes ouvertes, il est donc toujours rempli d'eau, toujours amorcé, et l'équilibre existe dans toute la masse du liquide. La pompe qui doit communiquer à cette eau une vitesse de 9^m50 est donc dans le cas d'une pompe à l'air libre qui aurait à élever de l'eau à la hauteur due à cette vitesse, c'est-à-dire à environ 4 mètres (aspiration et élévation ensemble). Je crois que dans ces conditions, on peut admettre, d'après M. Ledieu [1] et les expériences de Cherbourg citées par cet auteur, que le rendement de notre pompe Behrens est dans de très-bonnes conditions. Je suppose que ce rendement ou débit relatif soit de 0.7, chiffre qui convient aux bonnes pompes à piston élevant l'eau de 6 mètres. Le volume à engendrer par tour sera donc $\frac{1.1875}{0.7}$ ou $1^{mc}.695$.

Ce volume est évidemment égal à celui qu'engendre une seule des cames faisant un tour complet, et qui peut se représenter par l'expression;

$$V = \pi (R^2 - r^2) L.$$

en appelant R le rayon extérieur des cames; r leur rayon intérieur, ou ce qui revient au même le rayon de la douille servant d'étui à l'arbre, L la longueur du vide intérieur de la pompe. Fixons-nous pour r une valeur de 0^m10, ce qui nous donnera, je crois, une résistance suffisante, et pour L, 1^m30. Nous trouverons, en définitive, comme dimensions principales de la pompe :

Longueur des cames	1^m300
Rayon extérieur des cames	0^m650
Rayon intérieur des cames	0^m100

Dans tout ce qui précède, il n'a pas été question de la contraction

1. Ouvrage cité. La pompe du *Solférino* dont parle M. Ledieu, prenait l'eau dans la cale et la rejetait en dehors du bâtiment. Il faut donc lui supposer une élévation d'eau d'environ 8 mètres, conditions dans lesquelles son fonctionnement a été excellent. Elle aurait rendu à cette hauteur 1,200 litres d'eau, en engendrant un volume de 1,800 litres, ce qui donne un rendement de 0.66 qui nous autorise à employer dans le cas présent le chiffre 0.7.

qui doit exister à la sortie de la pompe. Afin de l'atténuer autant que possible, le tuyau T, se raccorde avec le cylindre de celle-ci, par une partie évasée. Je présume que sur le *Waterwitch*, on avait aussi pris quelques précautions à cet égard, et alors les deux appareils dépenseront la même quantité d'eau. Si, au contraire, sur le navire anglais, les tuyaux de refoulement commençaient par un orifice de même section que dans le reste de leur longueur, il y avait une contraction qui pouvait diminuer la dépense, jusqu'à n'être plus que les 0,80 de celle que nous avons supposée. Dans ce cas, les dimensions données plus haut à notre pompe seraient beaucoup plus fortes qu'il n'est nécessaire, et on pourrait sans danger réduire la longueur des cames, par exemple, à 1m10.

Je ne puis entrer, à l'égard de cet organe, dans d'autres calculs. Un constructeur seul peut apprécier quelle épaisseur il faudra donner à l'enveloppe. Néanmoins on peut se rendre compte approximativement de son encombrement. Sa largeur extérieure sera d'environ 1m60, sa hauteur de 2m00 et sa longueur, comptée dans le plan longitudinal du navire, de 1m40.

Machine à vapeur. — Mon but étant d'arriver à produire avec mon appareil le même résultat que sur le *Waterwitch*, je vais tâcher, par une série de suppositions, de trouver le travail utilement développé par la turbine de ce navire, et de là, en remontant, de calculer le travail moteur que devra développer la machine à vapeur rotative que j'emploie.

Dans les expériences du *Waterwitch*, dont j'ai déjà parlé, le travail développé par la vapeur sur les pistons de la machine motrice fut trouvé de 777 chevaux effectifs de 76 kilogrammètres, soit de 59,052 kilogrammètres. Supposons cette machine dans de bonnes conditions : le travail sur l'arbre de la turbine, le travail effectif, devait être égal aux 0,80 de celui qui était développé sur les pistons. L'utilisation de la turbine elle-même ne pouvait être supérieure à 0,60, le travail utile employé à projeter la masse d'eau nécessaire devait donc être au plus les 0,48 du travail moteur, soit 28,345 kilogrammètres. Ce chiffre est certainement un maximum, car le coefficient de 0,60 que j'ai employé pour la turbine est rarement atteint par les pompes de cette catégorie et celui de 0,80, pris comme rendement de la machine, est un des plus forts que l'on puisse admettre. M. Ledieu, en effet, dans son traité des appareils à vapeur, constate que ce coefficient varie de 0,70 à 0,85 et qu'il est égal à 0,75 dans les bonnes machines ordinaires. Nous admettrons, toutefois, que le chiffre trouvé plus haut est bien la valeur du travail utile de l'appareil propulseur du *Waterwitch.*

Or, nous voulons arriver à produire la même force de recul. Supposons que les conditions d'action du jet d'eau dans le cas du navire anglais et dans le cas qui nous occupe soient les mêmes. Nous devons donc produire un travail utile de 28,345 kilogrammètres. Mais dans l'appareil que j'étudie, nous avons d'autres intermédiaires qu'une turbine et une machine à piston : nous avons par conséquent d'autres valeurs d'utilisation à faire entrer en ligne de compte.

Les résultats de l'expérience ont prouvé que dans la machine rotative Behrens, le rapport entre le travail sur l'arbre et le travail calculé sur les cames est à peu près le même que dans les machines ordinaires médiocres. Mais cependant, en se servant de diverses améliorations dont quelques-unes ont déjà été introduites dans la machine de cette espèce qu'on a essayée à bord du *Solférino*, M. Ledieu estime que l'on arrivera certainement à faire disparaître cette infériorité et à ramener ce rapport à 0,80.

Quant à la pompe du même système, on peut, d'après le même auteur, en évaluer l'utilisation à 0,80. L'utilisation totale de la machine peut donc être estimée à 0,8×0,8 ou 0,64. Combinant ce chiffre avec le travail résistant utile à produire, nous aurons $\frac{28,345}{0,64}$ ou 44,290 kilogrammètres, comme valeur du travail à faire développer sur les cames à vapeur. Quelles seront, pour arriver à ce résultat, les dimensions à donner au cylindre. Adoptons comme nombre de tours et comme longueur les chiffres déjà fixés pour la pompe. Conservons également le chiffre de 0^m10 comme rayon intérieur des cames. Supposons enfin que nous disposons de vapeur à la pression *absolue* de 2 atmosphères et demie à la chaudière et que le vide obtenu par le condenseur ou par tout autre procédé soit de 0^m62.

La formule qui exprime le travail du Behrens est donnée par M. Ledieu et peut d'ailleurs se trouver facilement. En effet, le travail alternatif de la vapeur sur l'une et l'autre cames de l'appareil a la même valeur au total que si cette vapeur agissait sur une seule de ces cames pendant toute la durée de sa révolution. Or le volume engendré par tour est égal à :

$$\pi (R^2 - r^2) L$$

si n est le nombre de tours et P la pression *effective*, l'expression que nous cherchons sera donc :

$$\text{Travail} = \frac{n}{60}\pi(R^2 - r^2)\,LP^{km}.$$

On remarquera que la pression P est la pression *effective* au cylindre exprimée en kilogrammes. Or la pression *absolue* aux chaudières est, par hypothèse, de 190% de mercure et se réduit à 176% en retranchant la contre-pression du condenseur, qui est de 14%. Je retranche de ce nombre 30% pour tenir compte des pertes dans les tuyaux et de l'inégalité de pression entre le cylindre et la chaudière. Ce chiffre est de beaucoup supérieur à celui qu'on admet pour les machines ordinaires[1], mais l'éloignement du cylindre et de la chaudière, dans le cas qui nous occupe, nous met dans des conditions particulières, et nous force à une longueur de tuyaux assez considérable. Enfin, pour compenser les pertes de travail résultant des frottements et surtout de la pompe à air, si on en établit une, je fais subir une dernière réduction de 6%, qui me paraît suffisante, puisque cette valeur est celle qu'on emploie pour les machines ordinaires, dont le mécanisme, toujours plus compliqué, est par suite sujet à beaucoup plus de déperditions de travail que le Behrens. En résumé, avec toutes ces modifications, la vapeur agit *effectivement* sur les cames avec une tension de 140%, soit une pression de 19,030 kilogrammes par mètre carré.

Remplaçons maintenant par des chiffres toutes les quantités que nous connaissons dans l'expression du travail, et nous en conclurons le dernier élément qui nous reste à déterminer, le rayon extérieur des cames R.

$$\text{Travail} = 44290^{km} = \frac{120}{60} \times 3.1415\,(R^2 - \overline{0.1}^2) \times 1.30 \times 19030.$$

D'où

$$R = 0^m5432.$$

Les dimensions principales de la machine à vapeur seront donc :

Longueur des cames	L = 1m300
Rayon extérieur des cames	R = 0m544
Rayon intérieur des cames	r = 0m100

De même que, pour les calculs relatifs à la pompe, j'avais omis à

[1] Ledieu *Machines à vapeur*. Ce chiffre varie de 15 à 23 centimètres dans les machines ordinaires.

dessein de parler de la contraction, dans ces considérations sur la machine à vapeur, je n'ai pas fait mention du frottement de l'eau dans les tuyaux et de l'étranglement aux coudes. Ce sont là cependant des pertes de force très-appréciables. Mais on remarquera que sur le *Waterwitch* et dans mon appareil ces éléments sont égaux : on avait, en effet, un coude brusque au sortir de la coque sur le navire anglais. J'ai un coude peut-être un peu moins brusque à l'arrière des tuyaux de refoulement. Dans le bâtiment qui nous a servi de point de départ, 1,200 litres d'eau par seconde étaient projetés par deux tuyaux de 15 mètres de longueur chacun et d'un diamètre de 0m40. Dans mon système, la même quantité est projetée par un tuyau de 20 mètres de long et de 0m56 de diamètre. Si on calcule les pertes de charge occasionnées dans les deux cas par le frottement, on arrive à des chiffres presque identiques. Le travail développé par chacune des deux machines étant également affecté par ces pertes de force, sans que j'en aie exactement calculé la valeur, on peut donc affirmer que la rotative Behrens produira, en définitive, le même résultat que la machine du *Waterwitch*.

L'encombrement de cette machine, placée comme je l'ai figuré sur la figure C, sera environ de 1m60 de large, 1m80 de long et 1m20 de haut.

Quant au poids de la machine et de la pompe, on peut l'évaluer, par analogie, à environ 15 tonneaux.

Les mouvements de ces deux organes sont reliés, comme je l'ai dit dans la description générale, soit par des chaînes, soit par des courroies sans fin. Un troisième moyen consisterait à fixer sur les faces extérieures des roues d'engrenage de la machine un bouton excentrique de chaque bord. Sur ces boutons seraient attelées de petites bielles qui commanderaient par le même procédé les axes de la pompe. On aurait soin de caler différemment les têtes de bielles de chaque bord et on éviterait ainsi la difficulté qu'on pourrait sans cela éprouver à mettre la machine en marche. Ce procédé aurait sur les deux autres l'avantage de transmettre mieux le mouvement, mais il aurait l'inconvénient d'exiger une liaison plus stable entre la pompe et sa machine ; ce sont là des questions de détail qui seront toujours assez faciles à résoudre.

Dépense de vapeur. — En multipliant par le nombre de tours le volume engendré par une came du cylindre dans une révolution complète, on trouve comme volume de vapeur dépensée au cylindre, en une heure, 8,402 mètres cubes. Or, si on tient compte de la déperdition de pression dans les tuyaux, cette vapeur n'arrive pas au cylindre avec plus de deux atmosphères de tension. Le poids de la vapeur dépensée sera donc de 9,410 kilogrammes par heure.

Or, un kilogramme de vapeur sèche amenée au cylindre représente 1^k21 sorti du générateur (Ledieu — *Machines*, n° 94). Donc nous devons compter sur une dépense totale de 11,386 kilogrammes d'eau vaporisée. Une chaudière règlementaire du type haut, à grilles longues et à 4 fourneaux, peut vaporiser jusqu'à 7,440 litres d'eau par heure (Ledieu.— *Machines*, n° 81). Il faudra ainsi que nous puissions isoler 7 à 8 fourneaux à un moment donné pour les besoins de l'évolueur. Comme il y a des chaudières règlementaires à 3, 4 et 5 fourneaux, il sera toujours possible de faire à bord d'un navire en armement, telle ou telle combinaison qui permettra l'isolement du nombre de fourneaux voulu.

Pour pouvoir comparer la force ainsi enlevée à celle qui reste disponible pour la propulsion, il est bon de remarquer ici que les corvettes cuirassées actuelles ont 18 fourneaux à grille longue. Le navire démonstratif auquel s'appliquent mes calculs, ce navire dont le maître couple est à celui de la *Belliqueuse*, comme 1,18 : 1, en aura donc théoriquement 21, toutes proportions gardées. Le rapport des consommations de calorique pour l'évolueur et pour la machine principale est ainsi au maximum de $\frac{8}{21}$. Je reviendrai plus tard sur cette valeur.

D'après les proportions appliquées ordinairement (Ledieu.— *Machines*, n°s 135 et 130), le tuyau de vapeur doit avoir 600 centimètres carrés de section et celui d'évacuation 1,000. Le premier, d'un diamètre de 0^m275, est représenté bifurqué sur l'avant du grand mât. Il y a ainsi deux orifices d'introduction, ce qui permet de les faire plus petits. L'évacuation se fait par deux tuyaux de 0^m25 de diamètre, s'il y a deux condenseurs, comme je l'ai supposé.

Condenseur. — La proportion $\frac{\text{volume condenseur}}{\text{volume du cylindre}} = 1.4$ étant la plus forte qu'on emploie dans les machines à moyenne pression, nous aurons comme valeur de la capacité à donner au condenseur $1^{mc}634$ (h. = 1^m10, long. = 1^m14, larg. = 1^m30). J'ai déjà dit qu'on pouvait le partager en deux. Cependant je l'ai figuré dans la planche sur l'avant du grand tuyau d'aspiration, ce qui permet un accès facile autour de chacun des organes de l'appareil.

Quant à la quantité d'eau nécessaire pour la condensation, si on compte qu'il faut $23^{k}39$ d'eau à 15°, pour liquéfier et ramener à 40° un kilogramme de vapeur humide dépensée au cylindre (Ledieu. — *Machines*, n° 97-2), il est facile de voir qu'il faut à notre machine 220 tonneaux d'eau par heure. Cette eau est fournie, comme je l'ai dit, par un tuyau qui la puise au petit réservoir de cale R' et qui la répand dans l'intérieur du condenseur au moyen des dispositions usitées en pareil cas. Or la vitesse de l'eau dans ce tuyau a pour pression

$$v = \sqrt{2g(10^{m}33 + \text{haut. de flott. au-dess. de l'orif. d'inj.} - \text{P. abs. au cond.}}$$

Si nous supposons que l'orifice intérieur d'injection soit à 1 mètre au-dessous de la flottaison, cette vitesse est de $13^{m}6$. La section du tuyau d'injection devra donc être de $0^{dmq}45$, ce qui revient à un diamètre d'un peu moins de $0^{m}08$.

Pompe à air. — Les 220 tonneaux d'eau de condensation, emmenant avec eux environ le vingtième de leur volume d'air, cette pompe devra être calculée pour engendrer par heure un volume de 250 mètres cubes. On trouve pour ses dimensions les chiffres suivants, en lui supposant le même nombre de tours qu'à la machine :

Longueur des cames	$0^{m}140$
Rayon extérieur des cames	$0^{m}264$
Rayon intérieur des cames	$0^{m}080$

Afin de diminuer le travail d'aspiration de l'eau et de l'air, nous donnerons au tuyau qui communique avec le condenseur une section un peu forte, soit $0^{mc}01$. Le tuyau de refoulement, auquel nous donnerons $0^{mc}0080$ de section, afin de ménager à l'eau une vitesse égale à celle du grand courant de refoulement, aboutira au grand tuyau d'évacuation sur l'avant du distributeur, ou simplement au grand tuyau d'aspiration. La position de cette pompe rotative est à peu près indifférente. Cependant sa place la plus naturelle est d'être collée contre le condenseur, où son tuyau d'aspiration vient, comme dans les appareils ordinaires, affleurer la surface du liquide, de manière à avoir un écoulement intermittent d'eau et d'air.

Le poids de cette pompe et du condenseur ne dépasserait pas, je crois, un tonneau.

J'ai déjà fait remarquer, dans le chapitre précédent, que cet organe est loin d'être indispensable, selon moi. Un tuyau d'extraction de $0^{mq}01$ de section, aplati de façon à se raccorder plus facilement au grand tuyau d'aspiration aplati lui-même, remplirait très-probablement le même but avec beaucoup plus de simplicité.

Réservoirs d'aspiration. — Le premier, et le plus grand de ces réservoirs, construit comme celui qui existe à bord du *Waterwitch*, est percé, à la partie inférieure, de petits trous de $0^{m}03$ de diamètre. Cela exige, sur un navire en bois, une transformation des fonds, mais sur un navire en fer, le changement est insignifiant et n'influera pas beaucoup sur la solidité, puisque rien n'empêche de laisser en place les couples et les carlingues.

La quantité d'eau que fournirait un de ces trous, en supposant le tirant d'eau moyen de 6 mètres, et le navire immobile serait, par seconde, $\pi r^2 \sqrt{2g \times \text{tirant d'eau}} \times 0{,}6$ (coefficient de contraction de la veine liquide), soit $4^{l}62$ ou, par heure, 16,632 litres. Mais quand le navire sera en marche et que l'eau glissera contre ses flancs, nous devons faire une grande réduction sur ce chiffre, par suite de la difficulté que l'eau éprouvera à entrer dans des trous dont le plan sera parallèle à sa direction. Admettons qu'à toute vitesse, il descende au-dessous du quart de sa valeur au repos. Mettons 4,000 litres par orifice : Nous devrons en percer 2,140 qui occuperont une surface d'environ 3 mètres de largeur sur $2^{m}50$ de longueur, en supposant qu'on laisse entre les parties les plus rapprochées de deux trous voisins, un écartement égal au diamètre.

Du reste, si on peut percer des trous plus grands, le débit, en marche, y gagnera très-probablement, sans qu'on soit obligé d'agrandir la surface de prise d'eau.

La hauteur du magasin R, quoique indépendante du débit, devra cependant être assez grande pour que les vannes qui font communiquer les deux réservoirs n'aient pas des dimensions exagérées dans le sens horizontal. Il convient donc de fixer cette hauteur à environ $0^{m}70$ ou $0^{m}80$ dans le milieu, la face supérieure de la caisse étant horizontale.

Le second réservoir, de même hauteur que le premier, mais d'une longueur et d'une largeur beaucoup moindres et variables d'ailleurs, au gré du constructeur, est ajouté à l'appareil pour faciliter les visites et aussi pour le cas d'une voie d'eau, afin qu'en fermant en partie ou en totalité les vannes qui réunissent les deux réservoirs et ouvrant celle qui communique avec la cale, on puisse épuiser celle-ci.

Ces deux caisses sont construites en tôle. La première est boulonnée avec le bordé du navire, dont elle fait pour ainsi dire partie, et doit être consolidée contre la pression de l'eau, au moyen d'une charpente en fer spéciale reliée à la membrure. J'ai déjà fait remarquer que rien n'empêche de conserver les pieds des couples et les carlingues tels qu'ils sont. Il suffit d'avoir soin de laisser au réservoir une hauteur suffisante pour que les compartiments ainsi créés communiquent facilement entre eux. Le second réservoir, collé contre le premier, n'a pas de place fixe : il peut être placé sur l'avant ou sur l'arrière de celui-ci. il peut aussi être d'une forme régulière et n'est astreint qu'à la condi- l'on d'offrir une face supérieure assez grande pour qu'on puisse y ajuster les tuyaux d'aspiration et d'injection. Sur la figure ci-jointe, je lui ai supposé les dimensions suivantes : h. = 0m80, larg. = 1m30, ng. = 0m80.

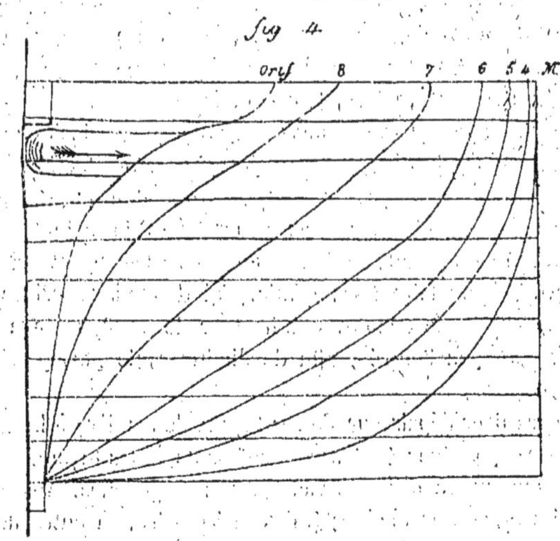

Couple du navire démonstratif.
Échelle 0m01 par mètre et 0m00921 par mètre.

Quant aux vannes, leurs dimensions ne sont pas astreintes à une grande précision. Il suffit qu'elles soient assez grandes pour ne pas retarder le mouvement de l'eau. Les deux vannes qui réunissent les réservoirs doivent donc avoir ensemble plus de $0^{mc}250$ soit $0^{mc}30$, par exemple. La troisième ouverture est encore moins sujette à une règle. Il est difficile en effet d'admettre des voies d'eau donnant 8,000 tonnes par heure, auxquelles on essaye de résister. C'est donc un détail laissé à l'appréciation du constructeur. Il sera bon toutefois de prendre le plus de précautions possibles contre l'envahissement des corps étrangers charriés par l'eau de cale, afin d'éviter les détériorations qui ne manqueraient pas de se produire dans les surfaces frottantes de la pompe.

Tuyaux d'aspiration et de refoulement. — La section des tuyaux d'aspiration et de refoulement, devant évidemment égaler au moins celle des orifices de décharges, est de $0^{mc}250$. Il y aura, du reste, avantage, chaque fois que ce sera possible, à augmenter un peu cette dimension. On atténuera ainsi, en partie, la perte de force produite par la grande longueur de la conduite.

Ces tuyaux sont en cuivre rouge et, le plus possible, cylindriques. Cependant il y a avantage à les aplatir dans certaines parties. Ainsi aux raccordements avec les orifices de décharge, et avec ceux du distributeur, leur section devient rectangulaire ou carrée. La construction des orifices et du distributeur, lui-même, est ainsi simplifiée. D'un autre côté l'utilisation de la pompe exige qu'on diminue le plus possible la dimension des orifices d'introduction et d'évacuation dans le sens perpendiculaire aux génératrices du cylindre. On est donc forcé, en cet endroit, de donner aux raccordements et aux tuyaux une section rectangulaire assez aplatie. J'ai donné à ces orifices de la pompe une largeur de $1^{m}25$ et une hauteur de $0^{m}20$, en ayant soin d'en évaser un peu l'entrée, afin de diminuer, le plus possible, la contraction.

On pourra fixer l'épaisseur de ces tuyaux de manière à les avoir le moins pesants possible ; 4 m/m seront suffisants, si les tuyaux en question sont soutenus à des intervalles assez rapprochés. Aux coudes, cette épaisseur sera portée à 6 m/m. Il est nécessaire, en outre, de renforcer le coude arrière des tuyaux de refoulement, en l'appuyant sur un massif en charpente qui servira de buttée au recul. Ce sera facile puisque ce coude est déjà à toucher le massif arrière du bâtiment.

On aura ainsi des tuyaux qui pèseront en moyenne 65 kilogrammes le mètre courant. Partant de ce chiffre, et tenant compte de la bifurcation sur l'arrière du distributeur, nous aurons, en fin de compte, un poids de trois tonneaux et demi pour le tuyautage.

Distributeur. — Les cotes employées sur la planche donneront les dimensions des diverses parties de cet organe, mieux que ne le ferait une description détaillée. Ces chiffres étant pris comme point de départ, l'effort total sur la surface du papillon sera d'environ 317 kilogrammes. Pour arriver à cette évaluation, j'ai adopté la proportionnalité de la résistance au carré du sinus de l'angle d'incidence, et comme valeur de cette résistance par mètre carré et par mètre de vitesse, celle de 100 kilogrammes, à laquelle arrive l'amiral Bourgois d'après les expériences de l'amiral Halsted sur le gouvernail du *Warrior*.

La manœuvre de ce papillon peut se faire par l'axe ou par une tringle. Dans cette dernière disposition la longueur de la rainure à pratiquer dans la plaque de bronze AB est de $0^{m}04$.

En tous cas il sera facile, suivant le dispositif adopté, de se rendre compte de l'effort à exercer sur la roue qui commandera le distributeur, en partant du chiffre donné plus haut [1].

La caisse sera coulée en bronze et son épaisseur sera fixée par des personnes plus compétentes.

Avant de terminer cette question de chiffres, il est bon de noter quelle est la quantité d'eau contenue dans tout l'appareil, entre les vannes du réservoir d'aspiration et celles de l'orifice de décharge. C'est cette quantité d'eau qu'on aura à laisser écouler dans la cale lors d'une réparation. Elle s'élève à 11 tonneaux seulement, ce qui sera toujours facile à épuiser avec les pompes ordinaires du navire.

On peut maintenant se rendre compte de l'encombrement de l'appareil. Sans parler des tuyaux, et à ne parler que de la pompe, de la machine et du condenseur tels qu'ils sont groupés sur la figure, il est facile de voir que ces trois organes tiennent dans un parallélipipède de $2^{m}80$ de hauteur, $2^{m}90$ de longueur et $1^{m}60$ de largeur. En tout ils occupent un volume de 13 mètres cubes, ce qui représente le volume d'une chambre de bord ordinaire. Les tuyaux, de leur côté, occupent un volume d'environ 10 mètres cubes, répartis presqu'en totalité sur des espaces ordinairement vides, tels que des coursives, et n'enlèvent par conséquent aucun espace essentiel.

---

[1] Sur la tringle figurée (*fig.* 3), cet effort serait de 170 kilogrammes.

A un autre point de vue, en récapitulant les poids assignés à chacune des parties de l'évolueur, on trouve que l'appareil complet vide apportera à bord une charge supplémentaire d'environ 25 tonneaux.

VI. — Manœuvres et avantages.

Pour terminer tout ce qui a rapport à l'appareil, tel que je le propose, il me reste à examiner la manière dont on l'emploiera, suivant les circonstances, et à montrer ses principaux avantages.

Les règles générales de manœuvre de l'évolueur sont simples à formuler : nous admettons que les feux de la machine principale aient été allumés. Du reste on pourrait, au besoin, n'allumer que la ou les chaudières disposées pour l'évolueur.

Un peu avant l'instant où le commandant voudra se servir de cet appareil, il donnera l'ordre dans la machine de mettre en mouvement la pompe de refoulement. Si tous les feux sont allumés, on isolera alors les chaudières spéciales et on ouvrira le papillon de prise de vapeur de la rotative. A partir de ce moment, le mécanicien chargé de cette machine n'aura plus à s'occuper que de lui conserver son nombre de tours normal, les embardées que le commandant voudra ordonner dans la suite n'influant en rien sur sa marche. La pression aux chaudières devra être d'environ 114 %ₘ au manomètre.

Les évolutions seront alors déterminées par la manœuvre d'une petite roue placée dans le blockhaus ou dans tout autre lieu où elle sera le mieux à portée du commandant. Un seul homme la manœuvrera facilement et presque instantanément, puisque l'effet du courant d'eau sur la valve du distributeur ne fera que faciliter la mise toute d'un bord. Il va sans dire que pour la marche directe, on maintiendra le papillon dans sa position médiane. Le courant d'eau partagé alors par la moitié dans chacun des tuyaux de refoulement, ne produira aucune évolution.

Dans le cas d'une voie d'eau, nous avons vu qu'en ouvrant la vanne du petit réservoir R' à la cale, et fermant convenablement les deux autres, on peut épuiser au moyen de la pompe de refoulement une quantité d'eau énorme.

Enfin si une avarie vient à se produire dans l'appareil lui-même, elle ne peut avoir lieu qu'à l'intérieur du navire. En fermant les vannes du grand réservoir et des orifices d'évacuation, on sera libre de laisser écouler dans la cale l'eau qui remplit le tuyautage et de faire ensuite à loisir les réparations exigées. Cependant si l'avarie en question se trouvait dans le réservoir d'aspiration même, la fermeture des vannes serait inutile. Mais il n'y a pas plus de chances pour un accident dans cette partie que pour une voie d'eau ordinaire. On aurait alors à employer les moyens de réparation usités en pareille circonstance, mais on remarquera toutefois, que les faces internes de cette caisse étant planes, il y aura plus de ressources dans ce cas-ci que d'habitude.

Je diviserai maintenant les manœuvres du bâtiment en trois catégories : les manœuvres sur rade, les manœuvres dans la navigation du large et les manœuvres de combat. Voyons comment ces diverses circonstances se trouveront modifiées par l'introduction de l'organe nouveau.

On remarquera d'abord que l'ancien gouvernail subsiste toujours concurremment avec le nouveau. Leur action et leur manœuvre étant complétement distinctes, rien n'empêche de conserver le premier, surtout si on considère que l'évolueur, muni, comme il l'est, d'une machine à vapeur, ne doit être que d'un usage accidentel.

Ceci établi, chaque fois qu'on aura à manœuvrer sur une rade étroite ou dans un port, on voit sans peine toutes les facilités qu'on retirera de pouvoir faire tourner le navire sur place sans faire marcher la machine. Je sais que certaines personnes n'admettent pas que cet avantage mérite d'être cité. Ce n'est pas en effet un motif suffisant à lui seul pour l'installation de l'évolueur à bord des bâtiments. Malgré cela, le commandant qui aura sous sa main un appareil de ce genre y trouvera plus d'une fois de grandes commodités.

On peut, en outre, se demander si le nouvel appareil refusera, comme l'ancien, ses services dans la marche en arrière. Si, comme le présume l'amiral Bourgois, la dénivellation de l'eau sous les formes de l'arrière est la cause principale de l'inefficacité du gouvernail dans cette circonstance, cela tient aussi un peu à ce que la marche en arrière étant rarement rapide, elle ne permet pas à cet organe de développer sa puissance. L'évolueur, au contraire, agit toujours avec la même force, et pourra sans doute, surmonter cet obstacle.

Dans le second cas, lorsque le navire navigue au large, les embardées nécessitées par le maintien du cap donné sont toujours d'une étendue restreinte. L'ancien appareil sera donc toujours employé exclusivement. Son économie lui donne alors une immense supériorité sur l'évolueur. Cependant, même à la mer, ce dernier pourra devenir utile en évitant les embarras et même les dangers où l'on se trouve chaque fois qu'une avarie oblige à créer un gouvernail de fortune.

Enfin nous arrivons à cette phase de la vie du navire en vue de laquelle il a été spécialement construit et aménagé : le combat.

Tout d'abord, il faut reconnaître à l'évolueur une invulnérabilité absolue dans un tir d'artillerie ou dans un abordage. Cet avantage en commanderait l'adoption, alors même que ses effets comme giration ne répondraient pas tout à fait à ce que font espérer les calculs précédents. De plus, cette force giratoire s'ajoutant sans encombre à la force de même espèce produite par la manœuvre du gouvernail, on aura, tant que celui-ci subsistera et que la machine tournera, une vitesse d'évolution bien supérieure [1], et cela sans recourir à l'augmentation de surface du gouvernail, qui est toujours compromettante pour la solidité de l'arrière.

Si, dans la suite les chances de la lutte veulent que le gouvernail soit mis hors de service, il nous restera toujours l'évolueur qui nous permettra, soit de continuer dans les conditions ordinaires, soit de nous retirer de la mêlée, mais qui au moins nous évitera de rester au milieu des combattants sans pouvoir parer leurs abordages.

J'ai supposé, plus haut, que la machine de l'évolueur marcherait pendant toute la durée des manœuvres. C'est en effet ce qu'il y a de plus simple. On conçoit cependant qu'on veuille, dans les intervalles des virements de bord, pouvoir profiter de toute la puissance du moteur principal. Il sera possible dans ce cas, au moyen du porte-voix,

---

[1] Il est facile de la calculer approximativement. Appelant r la composante latitudinale de la résistance du gouvernail, on a évidemment

$$rl + Fb = \frac{1}{4} K'D^2 l^3 \left(\frac{d\theta}{dt}\right)'^2.$$

Mais rl et Fb, étant égaux, ont chacun pour valeur $\frac{1}{4} K'D^2 l^3 \left(\frac{d\theta}{dt}\right)^2$.

Donc

$$\left(\frac{d\theta}{dt}\right) = \frac{d\theta}{dt} \sqrt{2}.$$

Le navire idéal tournant en $5^m 30^s$, sous l'action de son gouvernail seul ou de son évolueur seul, ferait donc son tour en $3^m 53^s$, ce qui serait la vitesse la plus grande obtenue jusqu'à présent sur un navire de cette taille.

de faire successivement fermer ou rétablir la communication de la chaudière spéciale. Comme les orifices d'aspiration et d'évacuation sont toujours sous l'eau, il n'y a pas à craindre que la pompe se désamorce : elle est toujours prête à fonctionner instantanément. Il n'y aura à considérer que l'embarras et la sécurité plus ou moins grande que présentent les communications au porte-voix. Le commandant sera le seul juge de l'opportunité que présentent ces alternatives, mais je crois que, dans un engagement, lorsque le combat sera définitivement accepté de part et d'autre, et qu'il n'y aura plus à chasser l'adversaire, il n'y aura pas un bien grand intérêt à marcher à toute vitesse dans la mêlée, et qu'alors on pourra bénéficier de toute la simplicité de manœuvre de l'évolueur.

Cette remarque sur la diminution des vitesses pendant la lutte, répond en même temps à une objection grave que l'on pourra faire au nouvel appareil : nous enlevons à la machine principale une notable portion de la vapeur destinée à l'actionner. En effet, nous détournons environ le tiers de la puissance de l'appareil évaporatoire [1]. Mais ce chiffre n'a rien d'exorbitant si on examine ce qui se passe sur les navires munis du gouvernail actuel. Recourons au tableau des expériences giratoires des navires anglais que nous avons déjà invoqué. Nous y trouverons en regard les vitesses initiales et les vitesses pendant l'évolution avec toute la barre :

	Vitesse initiale	Vitesse pendant l'évolution	Différence.	Moyenne.
Ocean	$12^{n}9$	$9^{n}0$	$3^{n}9$	
Lord Clyde	$11^{n}74$	$8^{n}0$	$3^{n}74$	
Achilles	$13^{n}4$	$10^{n}3$	$3^{n}1$	$3^{n}0$
Caledonia	$12^{n}86$	$10^{n}4$	$2^{n}46$	
Bellerophon	$14^{n}20$	$12^{n}5$	$1^{n}7$	

La moyenne de la vitesse, absorbée pour ainsi dire par la composante longitudinale de la résistance du gouvernail est donc de 3 nœuds, et l'on voit que pour les deux premiers navires elle dépasse de beaucoup ce chiffre. Si nous calculons pour l'*Achilles* qui est dans la moyenne, le rapport $\frac{KB^2V^2 - KB^2 V'^2}{KB^2V^2}$ ou simplement $\frac{V^2 - V'^2}{V^2}$, de

[1] On a vu, plus haut, que ce rapport est compris entre $\frac{7}{21}$ et $\frac{8}{21}$.

la perte de poussée à la poussée initiale, nous le trouvons égal à 0^m41. Ainsi plus du tiers de la force de la machine se trouve dans ce cas perdu pour la poussée en avant. Comme il n'y a pas lieu de supposer que notre jet d'eau retarde sensiblement la marche du navire, l'avantage au point de vue de la diminution de vitesse est encore en notre faveur.

Enfin, le fonctionnement de notre appareil étant absolument indépendant de celui de la machine principale, les *cercles morts*, d'une importance si capitale dans le combat, se trouveront réduits autant que le commandant le jugera convenable, et nous ne serons plus astreints, comme maintenant, à faire toujours marcher en avant, sous peine de ne plus gouverner.

A ce sujet, je me permettrai une remarque. En étudiant les expériences giratoires anglaises et françaises, il semble que les deux nations aient deux manières d'apprécier les qualités d'un navire. Les Anglais s'occupent surtout de la rapidité de rotation ; les Français paraissent s'attacher davantage au diamètre des cercles décrits. Je sais bien que ces deux évaluations sont intimement liées avec la vitesse. Cependant, elles indiquent des tournures d'idées un peu différentes, et celle qui me paraît préférable est encore la nôtre, qui semble faire plus de cas de la dimension des cercles morts que de la rapidité avec laquelle le navire peut se retourner contre son adversaire, d'autant plus que ce temps employé à faire un tour complet, augmentant quand la vitesse initiale diminue, deviendra un renseignement bien incertain pour les luttes futures où il me paraît difficile d'admettre que les combattants marcheront à toute vitesse. Déjà, nous voyons qu'à Lissa, le seul exemple d'une mêlée que nous ayons depuis la transformation des marines, la plus grande partie des navires avaient réduit leur vitesse le plus qu'ils avaient pu. Il est bien certain que dans cette circonstance, la connaissance de leur cercle mort à toute vitesse, qui est un maximum, leur était plus utile que celle du temps mis à faire une évolution complète à toute vitesse, quantité qui représente un minimum au-dessus duquel les autres valeurs peuvent varier presque à l'infini.

Avec l'évolueur, le temps étant fixe et le diamètre du cercle mort à la disposition du commandant, on voit de suite la sûreté de manœuvre que l'on retirera de cet appareil.

Un avantage que je pourrais ajouter en finissant, c'est la suppression de la première des trois périodes de l'évolution. La production de poussée latérale peut en effet être instantanée avec le distributeur, tandis que sur le *Marengo*, par exemple, la mise de la barre toute d'un bord exige 40^s, que son changement d'un bord à l'autre demande environ une minute et demie, et que ces chiffres sont de beaucoup dépassés sur quelques navires anglais.

En résumé, facilité et rapidité de manœuvre, invulnérabilité, indépendance absolue de pouvoir giratoire et de la poussée, voilà les avantages du nouveau système dont j'ai décrit les dispositions, et dont j'espère avoir prouvé la possibilité.

VII. — Considérations sur la théorie de l'évolueur et sur quelques-unes de ses applications.

L'étude que je m'étais proposée pourrait se terminer ici. Sauf quelques détails laissés à la disposition du constructeur, l'évolueur est complet. Ce qui me reste à dire, ce ne sont que quelques remarques sur le mode de procéder que j'ai employé, et sur l'avenir qui peut être réservé dans la marine à des moteurs du genre de celui que j'ai appliqué.

On remarquera que pour tous les calculs je ne me suis servi, pour ainsi dire, que d'une méthode empirique. Le *Waterwitch* étant pris comme point de départ, je n'ai rien changé aux données qui peuvent influencer la force de recul produite par le jet d'eau qui déterminait la marche de ce bâtiment. Ainsi, ayant reconnu que 5^{m}30^s était une durée d'évolution moyenne pour les cuirassés actuels, j'ai appliqué le jet d'eau du *Waterwitch* au navire idéal sur lequel il produisait le résultat voulu, sans chercher à l'adapter à telle ou telle espèce de nos navires en service. Si j'ai quelquefois parlé d'une corvette cuirassée, c'était afin de fixer les idées en citant, comme terme de comparaison, un type dont les dimensions se rapprochent beaucoup de l'idéal en question.

On pourra donc m'objecter que j'aurais bien pu arriver au résultat en ne m'appuyant que sur la théorie. J'aurais pu assimiler la force de la machine à vapeur que j'ai employée, au poids d'une colonne d'eau. L'appareil eût alors été dans le cas d'un tube à orifice inférieur noyé, dans lequel le niveau de l'eau serait au-dessus du niveau extérieur d'une quantité équivalente à la pression des cames de la pompe sur l'eau à projeter. C'est vrai, mais le malheur est que la théorie de l'hydrodynamique est encore en enfance. Depuis l'*Architecture hydraulique* de Bélidor, les traités écrits sur cette matière se ressemblent à peu près tous. Si quelques expériences ont été faites de temps à autre, elles l'ont toujours été au point de vue industriel, et presque jamais au point de vue théorique. Je paraîtrai sans doute bien hardi en critiquant ainsi des ouvrages tels que ceux de MM. Navier et Morin. Je puis cependant citer un fait qui m'a permis de mettre en doute quelques-uns des principes reçus en hydraulique. Supposons un vase AB rempli d'eau jusqu'en *mn*. Un autre vase CD, rempli d'eau jusqu'en *pq*, et percé d'un orifice très-petit en O, est plongé dans le premier.

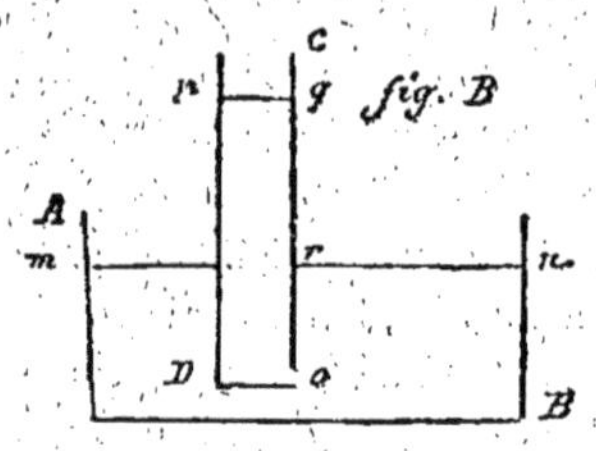

fig. B

Il est admis jusqu'à présent, que la vitesse d'écoulement est représentée par la formule

$$v = \sqrt{2g \times qr}.$$

Or, si on suppose qu'on perce un autre orifice dans le vase CD, à une distance infiniment petite au-dessus du niveau *mn*, la vitesse d'écoulement est représentée par la même expression. Il faudrait donc admettre que cette vitesse n'est en aucune façon influencée par la résistance du milieu où se meut le jet d'eau, et que deux ouvertures infiniment voisines, placées l'une au-dessus, l'autre au-dessous du niveau *mn*, fourniront la même dépense. Peut-être, quand cette vitesse est faible, n'a-t-on pu constater l'altération qu'elle subit, mais quand elle devient forte, il m'a paru impossible de croire que cette altération ne fût pas sensible. M. Hachette a fait des expériences [1] sur la diminution de dépense d'un orifice, par suite de la présence d'un plan transversal à la veine liquide. Il a constaté que cette diminution est déjà sensible quand la distance du plan à l'orifice est double du diamètre de cet orifice, et que, si cette distance est réduite au cinquième du diamètre en question, la dépense est diminuée dans la proportion de 3 à 2.

Ne peut-on se demander si l'eau elle-même n'offre pas une résistance analogue au jet d'eau qui se meut dans sa masse. Et pour prendre un cas qui se présentera dans la pratique de l'évolueur, peut-on admettre que, le navire étant en marche, l'eau glissant contre le bord ne formera pas un mur d'autant plus impénétrable que la vitesse du bâtiment sera plus grande. J'ai voulu éclaircir mes doutes, et j'ai fait

---

[1] Voir Navier, *Résistance des fluides*, § 58.

à ce sujet quelques expériences. Le peu de moyens dont je disposais à bord m'a empêché de les faire complètes. Je n'ai pu en particulier étudier la force de recul produite. Néanmoins, j'ai acquis la certitude d'une différence de vitesse entre deux jets d'eau dus à la même hauteur de chute et jaillissant, l'un à une distance très-faible au-dessus de la mer, l'autre à une distance très-faible au-dessous. Sans vouloir donner le chiffre auquel je suis arrivé comme bien rigoureux, j'ai trouvé que *la diminution de vitesse dans le second cas correspondait à une perte de charge d'environ un quart de la hauteur de la chute* (qui était de 7m80).

Si informe que soit ce résultat, il prouve cependant la nécessité d'entreprendre quelques expériences de ce genre dans un de nos ports militaires, où l'on dispose de tous les moyens désirables. J'ai demandé qu'on fît ces expériences. Au point de vue théorique seul, il serait à désirer que l'on comblât les lacunes de cette branche de la physique.

Quoi qu'il en soit, c'est à cause de ces doutes et de ces incertitudes, que j'ai préféré employer la méthode empirique. J'ai pu, en compulsant divers ouvrages, réunir tous les éléments du propulseur du navire anglais. Un seul m'a manqué, et, je dois le dire, c'est un des plus essentiels. J'ai admis, sans en avoir de preuves matérielles, que la vitesse du jet d'eau sur le *Waterwitch* était de 9m5. La raison qui m'a fait adopter ce nombre, c'est qu'en examinant les résultats de plusieurs pompes centrifuges, je n'en ai pas trouvé dont la vitesse extérieure des pales fût inférieure, au moins d'une manière sensible, à la vitesse imprimée à l'eau, C'est presque toujours le contraire qui a lieu. Le *Rapport de la commission à l'exposition* cite une pompe Coignard, semblable, dit-il, à celle qui est en usage sur le *Waterwitch*. La vitesse des pales est de 15m7, et la vitesse imprimée à l'eau n'est pas de 13 mètres. Or, nous avons vu au chapitre III, que la turbine du navire en question tournait avec une vitesse de 9m5. Je crois donc avoir mis les probabilités de mon côté en supposent la vitesse de l'eau égale à ce chiffre.

Je ferai ici remarquer, en faveur de l'évolueur, que les conditions d'action du jet d'eau dans le cas du navire anglais et dans celui qui nous occupe ne sont pas les mêmes. Sur le *Waterwitch*, dans les expériences à toute vitesse qui m'ont servi de point de départ, ce jet d'eau pour produire un recul de 2,400 kilogrammes, agissai sur de l'eau ambiante qui fuyait devant lui avec toute la vitesse du bâtiment. Il y avait là beaucoup de force inutilisée. Dans le cas de l'évolueur, l'eau ambiante ne fuit devant le jet qu'avec la vitesse d'évolution du navire, vitesse qui n'est jamais de plus de 1^m10 à 1^m20. Il est donc bien certain que le recul réel ne peut être que supérieur au recul prévu.

Si maintenant, partant de l'évolueur, tel qu'il a été décrit plus haut, nous voulons nous rendre compte des diverses modifications qu'il pourra subir, selon la nature et la grandeur du bâtiment, selon la place qu'il occupera à bord, nous sommes obligés de nous appuyer sur une base purement théorique.

Les expériences dont j'ai parlé tout à l'heure, nous donneraient ce point de départ. A leur défaut, nous sommes forcés, jusqu'à nouvel ordre, d'admettre à peu près les deux proportions suivantes :

A sections égales les reculs sont comme les hauteurs de chute ou les pressions ; les débits sont comme les racines carrées de ces hauteurs ou de ces pressions.

A vitesses égales les reculs sont comme les sections des jets d'eau.

Ces deux règles, admises pour les nécessités du moment, ne sont pas rigoureuses. Il nous en resterait bien une troisième à formuler : Comment, à charge égale, varie la vitesse quand l'orifice est plus ou moins noyé ? Malheureusement, et toujours par suite de la même défiance à l'endroit des principes connus, nous ne pouvons répondre sûrement à cette question jusqu'à ce que des expériences dans ce sens aient été faites. Supposons, toutefois, cette relation connue, nous nous trouverons en possession de tout ce qui nous est nécessaire pour améliorer l'évolueur.

Un des défauts qui frappent tout d'abord, c'est la grandeur de l'orifice à percer dans les formes arrière du navire. Pour le bâtiment sur lequel j'ai raisonné dans le courant de ce travail, cet orifice mesure 0^m60 sur 0^m42. Je suppose qu'on trouve là un obstacle à la construction, on pourra, par exemple, le diminuer de moitié (hauteur 0^m40, largeur 0^m31). Le recul ne sera pas changé pourvu qu'on augmente la vitesse dans la proportion de 1 à $\sqrt{2}$. La quantité de mouvement sera toujours la même. On pourrait ainsi faire varier à l'infini la relation entre la vitesse et la section. Mais quelle sera la vitesse du jet qui donnera les meilleurs résultats ? Il y en a certainement une, de même que, pour les hélices, suivant leur pas, leur diamètre et la taille du navire, il y a un nombre de tours plus avantageux que les autres. Il me paraît d'avance probable que les grandes vitesses seront peu économiques et qu'il sera préférable de garder des orifices aussi grands que possible. Les expériences peuvent décider la question, et la vitesse la plus avantageuse étant une fois connue, on en déduira la section à donner à l'orifice.

Nous procéderons évidemment de même quand il faudra passer à un autre navire. En admettant toujours les proportionnalités énoncées plus haut, j'ai cherché les dimensions de l'évolueur qu'il faudrait appliquer au *Bouledogue* pour le faire tourner en quatre minutes (évolution plus rapide que celle qu'il possède en ce moment). Les dimensions de ce bâtiment sont : longueur 59m37, largeur 14m50, tirant d'eau moyen 5 mètres ; déplacement, environ 2,500 tonneaux. J'ai supposé $l = 32$ mètres et $b = 28$ mètres. On arrive facilement à trouver que la force nécessaire pour faire évoluer ce navire est de 1,492 kilogrammes ou plus simplement 1,500 kilogrammes. Le recul nécessaire pour le *Bouledogue* et celui que j'ai employé dans le courant de ce travail, sont donc entre eux dans le rapport de 5 à 8. Cela donne :

Dimensions de l'orifice, 0m40 sur 0m39. — Vitesse de l'eau, 9m5. — Diamètre des grands tuyaux cylindriques, 0m44. — Machine : rayon extérieur des cames, 0m50 ; rayon intérieur des cames 0m10 ; longueur, 1m. — Pompe : Rayon extérieur des cames, 0m59 ; rayon intérieur, 0m10 ; longueur, 1m. — Débit par heure, 5,350 tonneaux.

L'encombrement de la machine, de la pompe et du condenseur ne dépasserait pas 8 mètres cubes. Pour le résultat à obtenir, ce volume est assurément très-faible. Il est, en tout cas, beaucoup moindre que celui de la petite machine de l'appareil servo-moteur qui sert à manœuvrer le gouvernail du navire en question. Cette machine, on le sait, occupe toute la hauteur du faux-pont, dans un espace de 5 mètres de long sur 2 mètres de large, soit environ 20 mètres cubes. Pourquoi ne garderait-on pas la roue et la drosse anciennes pour les manœuvres ordinaires de ces béliers et n'installerait-on pas à bord de chacun d'eux un évolueur qui en ferait des navires de combat très-sérieux ?

J'ignore le résultat des expériences du *Bouledogue* ; je sais seulement que le *Cerbère*, bâtiment assez semblable, a obtenu des vitesses de 11 nœuds 5. Pourquoi, l'éperon étant désormais considéré comme la seule arme de nos navires, n'en viendrait-on pas, d'ici à peu de temps, à adopter comme type de cuirassés d'escadre, des bâtiments comme ceux-là, doués cependant d'une vitesse plus grande, mais conservant toujours ce peu de longueur relative, qui les rend particulièrement aptes aux évolutions rapides ? Etant donnée la même dépense [1], on pourrait avoir une escadre de *Bouledogues* et de *Cerbères* une fois et demie plus nombreuse qu'une escadre de *Provences* et de *Valeureuses*, deux fois plus nombreuse qu'une escadre de *Marengos*. Or, il est admis, je crois, par tous ceux qui ont étudié la tactique nouvelle, que le nombre sera désormais, sur les champs de bataille, d'une importance bien autrement grande qu'autrefois. Reste à savoir, cependant, si, en conservant d'aussi petites dimensions aux navires, on pourra leur donner une vitesse suffisante pour leur permettre d'engager à volonté le combat avec un ennemi moins nombreux, mais plus rapide. Cette question, je le sais, a été souvent posée. Mais, cependant, si on songe que les bâtiments de ligne n'ont plus besoin maintenant de tous ces équipages, de ces vivres et de ces logements qui encombraient les anciens vaisseaux, si on consent à ne plus les considérer que comme des *éperons à vapeur* et à tout sacrifier à la machine, elle me semble encore susceptible d'une solution favorable. D'ailleurs, ce que nous voyons faire en ce moment aux Anglais, qui arrivent à donner des vitesses de 9.5 nœuds à un canot de 9 mètres, et de 15.5 nœuds à une embarcation de 16 mètres [2], n'est-il pas fait pour engager dans cette voie ?

Jusqu'à présent j'ai toujours supposé que l'évolueur était placé à l'arrière du navire. Il était naturel de placer les orifices le plus loin possible du centre de gravité qui se trouve toujours en avant du milieu de la coque. On conçoit cependant que rien n'empêche de le placer sur l'avant.

L'amiral Cosnier, dans ses *considérations sur la forme des carènes*, proposait en 1869 de reculer le maître-couple des navires longs et de le reporter sur l'arrière du milieu de leur longueur. Il citait, à l'appui de sa théorie, des navires réputés pour leur marche, tels que la *Ville de Paris* et le *Pereire*, de la compagnie transatlantique. Si on ne revient pas, comme je le souhaitais tout à l'heure, aux navires très-courts, on sera obligé, un jour ou l'autre, d'adopter ses idées. Si les

---

[1] Prix de revient du *Marengo* tout armé : 7 millions ; *Provence*, 5,440,000 francs ; *Cerbère*, 3,440,000 francs. (Dislère, *De la marine cuirassée.*)

[2] *Revue maritime et coloniale* de 1873. Ces deux embarcations viennent de la maison Thorneycroft.

nouveaux bâtiments sont munis d'un évolueur, on sera conduit à le mettre sur l'avant afin de profiter ainsi du grand bras de levier qu'on pourra donner au couple d'évolution. L'installation de l'appareil sera toujours la même que celle que j'ai décrite. Toutefois cette disposition sur l'avant des navires sera doublement avantageuse.

En effet, les dimensions que j'ai assignées aux orifices de décharge sont rapportées à la projection de ces orifices sur le plan longitudinal. On voit sur la figure 4 (*pl.* B) quel développement ces ouvertures ont en réalité quand on les perce dans les couples extrêmes de l'arrière. A l'avant, au contraire, les couples ont une forme qui se rapproche beaucoup d'un V rectiligne et assez aigu. A projection égale, la surface à percer dans la coque à cet endroit sera donc beaucoup moins grande. Ce premier point est un avantage pour la construction. En outre et toujours à cause de la forme régulière des couples avant, il sera possible d'enfoncer les orifices au-dessous du niveau de l'eau beaucoup plus qu'on ne peut le faire derrière, où les formes du navire sont trop évidées pour qu'on puisse y loger le coude que font les grands tuyaux d'évacuation. Le jet d'eau étant ainsi lancé plus bas, on pourra restreindre le volume d'eau à projeter, sans altérer pour cela la force de recul. Donc on pourra diminuer l'encombrement de la pompe.

En enfonçant ainsi les orifices, on évitera en même temps un inconvénient inhérent à la forme même du navire. Je veux parler de la possibilité d'un coup d'éperon, qui, à la suite d'un abordage trop oblique glisserait le long de la coque et rencontrerait les bords de cette ouverture. Il est certain qu'alors la muraille souffrirait presque autant que si l'abordage eut eu lieu normalement. L'évolueur étant placé derrière, il n'y a pas à craindre un accident de ce genre, précisément à cause de la rentrée inférieure des couples qui sont ainsi soustraits, dans la partie qui nous intéresse, au contact d'un éperon de forme ordinaire. Devant, au contraire, les formes du navire sont moins fuyantes. Ce contact est possible, et c'est à ce point de vue qu'on a le plus grand intérêt à placer les orifices de l'évolueur à 3 mètres ou 3m50 environ au-dessous de la flottaison.

Ainsi donc, que les navires de combat soient longs ou courts, on pourra toujours leur appliquer l'évolueur que j'ai décrit dans les pages précédentes. Mais il y a, comme je l'ai déjà dit dans ce chapitre, plus d'une expérience à faire en hydraulique avant d'arriver à pouvoir raisonner sûrement les résultats de cet appareil. Serait-ce trop oser que de demander au département de la marine de provoquer et d'aider quelques recherches dans ce sens. Qu'on ne croie pas, du reste, qu'en ce moment je ne plaide que ma propre cause. Un de nos amiraux, que je ne me crois pas autorisé à nommer, prétend que l'avenir est aux navires amphidromes armés d'éperons à l'avant et à l'arrière, mus par un propulseur hydraulique qui chasserait l'eau dans un ou deux grands tuyaux droits allant d'un bout à l'autre de la coque. La marche pourrait ainsi être renversée instantanément.

On voit de suite quelle supériorité aurait un bâtiment pareil. Deux fois plus armé que les cuirassés actuels à un seul éperon et ayant moitié moins d'évolutions à faire, à chaque bond ce navire pourrait faire une victime. Voilà, certes, une idée séduisante. Mais pour réaliser un projet semblable, il faut avoir un point de départ théorique. C'est ce qui nous manque, c'est ce qu'on pourrait avoir à peu de frais dans un port de guerre.

Maintenant que cette étude est terminée, je demande à en rappeler le but. Je n'ai pas la prétention d'avoir construit de toutes pièces une machine qui n'ait plus besoin que d'être ajustée. Les diverses dimensions que j'ai obtenues et indiquées, je suis loin de les donner comme rigoureuses. Je les ai calculées avec la seule intention de nous fixer sur le poids, l'encombrement et la dépense de l'appareil que je propose, en un mot sur ce qu'il peut avoir de pratique. Je crois avoir obtenu ce résultat. Si on adopte l'*évolueur hydraulique*, il faudra évidemment en calculer les données plus exactement que je ne l'ai fait. On aura certainement des chiffres différents des miens. Mais je suis persuadé que ces différences seront assez faibles pour ne pas faire varier l'opinion que l'on pourra s'être faite sur le nouvel appareil. Je souhaite donc, en terminant, que cette opinion n'ait pas été trop défavorable dès l'abord, et je prie mes lecteurs de faire, dans leurs appréciations au sujet de mon travail, la part des difficultés qui se sont naturellement offertes à moi dans une étude qui sort un peu des recherches habituelles d'un officier navigant.

Paris. — Impr. Paul Dupont, rue J.-J. Rousseau, 41 (Hôtel des Fermes). (149, 12-4.)

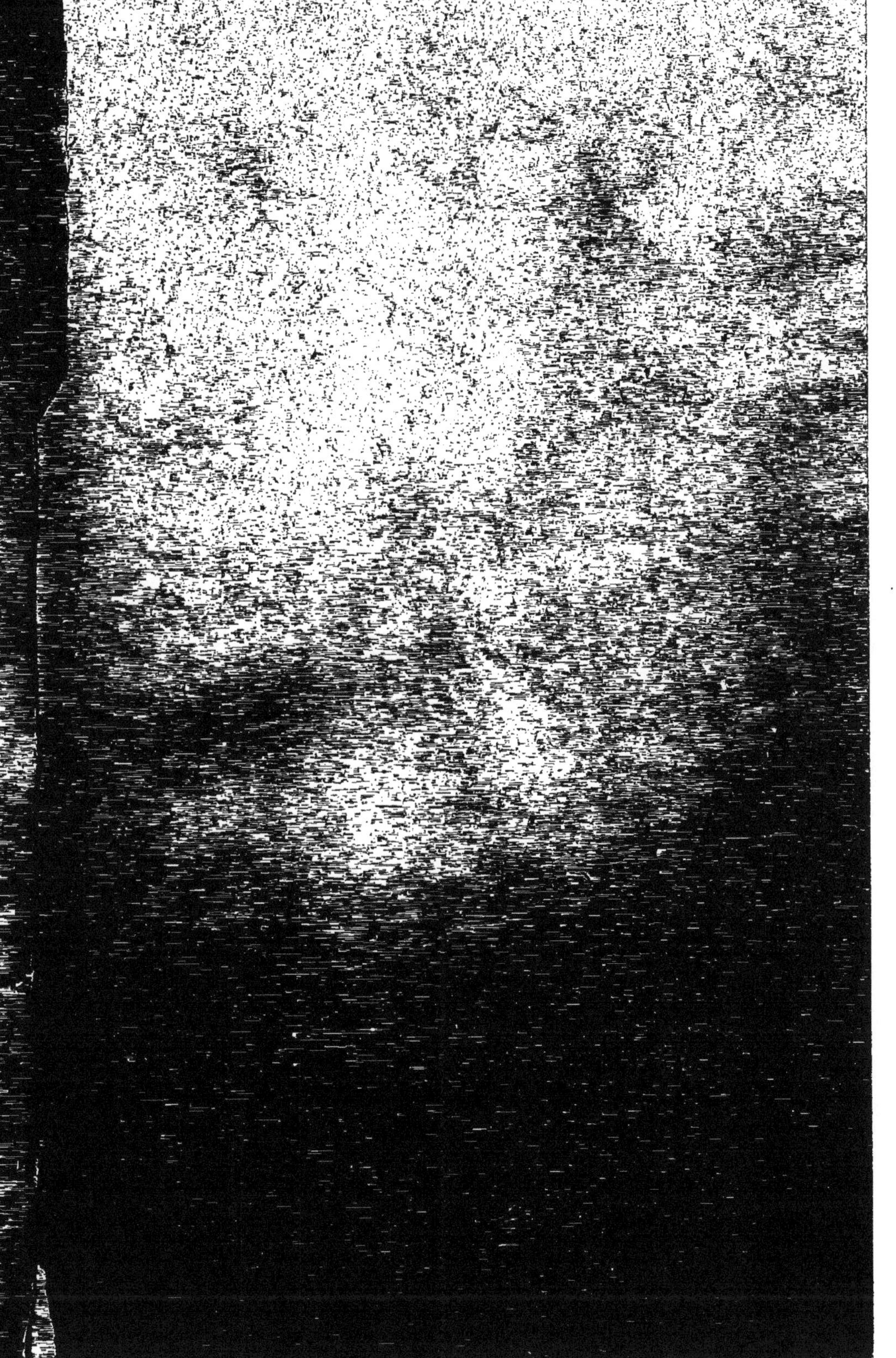

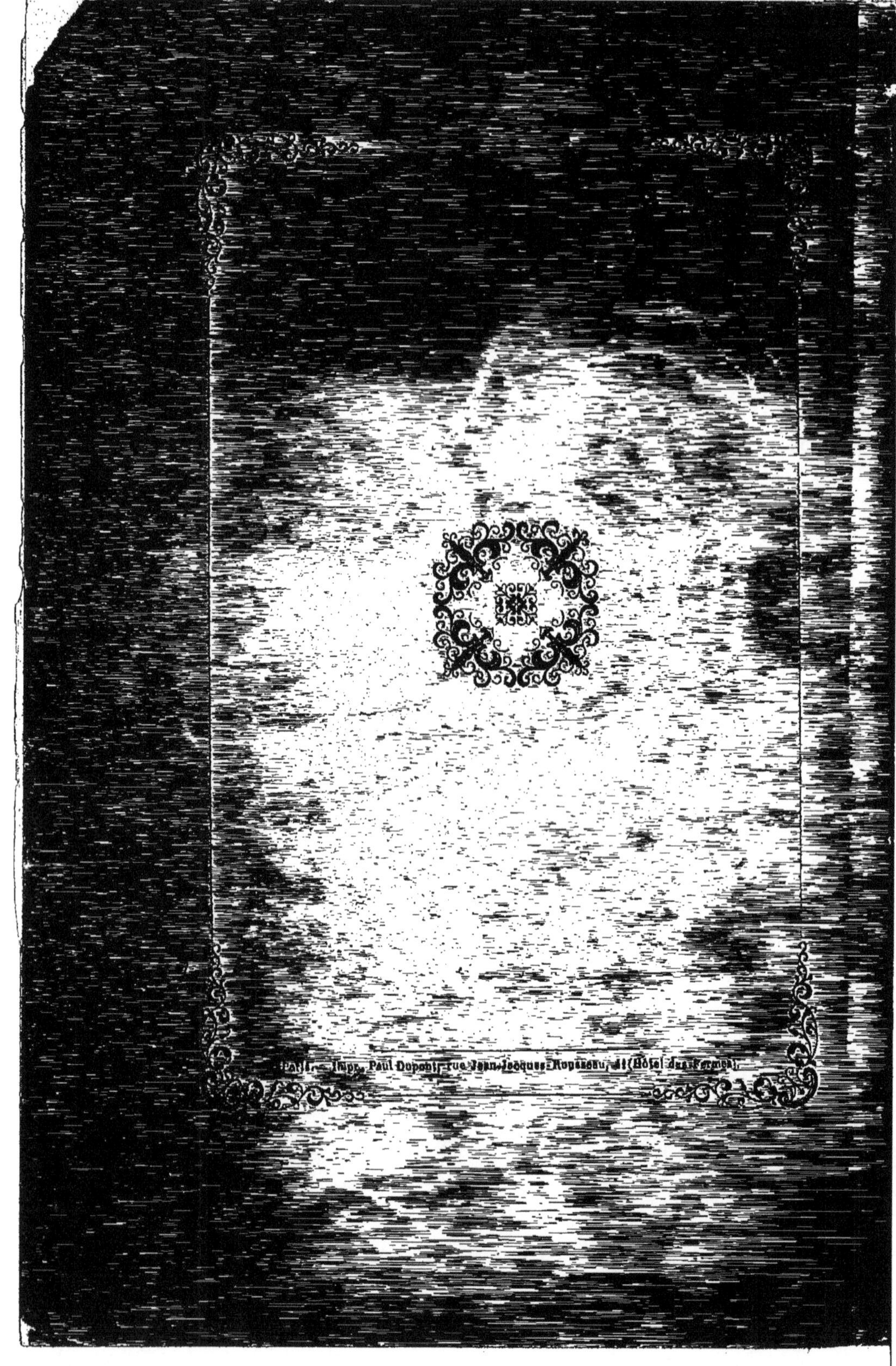
Paris. — Imp. Paul Dupont, rue Jean-Jacques-Rousseau, 41 (Hôtel des Fermes).

www.ingramcontent.com/pod-product-compliance
Ingram Content Group UK Ltd.
Pitfield, Milton Keynes, MK11 3LW, UK
UKHW021009220726
13924UKWH00002B/929

9 782019 953799